« PEUT MIEUX FAIRE »

Remotiver son enfant à l'école

DU MÊME AUTEUR
CHEZ ODILE JACOB

De l'enfant roi à l'enfant tyran, 2002 ; « Poches Odile Jacob », 2006.
Manuel d'éducation à l'usage des parents, 2004 ; « Poches Pratique », 2006.
Exprimer sa colère sans perdre le contrôle, 2006.

DIDIER PLEUX

« PEUT MIEUX FAIRE »

Remotiver son enfant à l'école

Odile Jacob
pratique

15, rue Soufflot, 75005 Paris

www.odilejacob.fr

ISSN : 1767-2384
ISBN : 978-2-7381-2053-3

Sommaire

Introduction

1 – Votre enfant est-il démotivé ?

2 – Pourquoi votre enfant a des difficultés scolaires

3 – DÉDRAMATISER

4 – MIEUX CONNAÎTRE VOTRE ENFANT

5 – CE QUE LA DÉMOTIVATION DE VOTRE ENFANT A DE PARTICULIER

6 – COMMENT RÉAGIR FACE À LA DÉMOTIVATION DE VOTRE ENFANT

7 – Des projets, des objectifs, des rêves pour être motivé

8 – Comment votre enfant peut apprendre à gérer son temps

9 – L'élève anxieux

10 – L'ÉLÈVE QUI SE DÉVALORISE

11 – L'ENFANT INTOLÉRANT AUX FRUSTRATIONS

12 – NON-PERFORMANCE SCOLAIRE ET AUTRES ATTITUDES...

13 – Si c'est plus sérieux…

Introduction

« Travail insuffisant… », « manque de méthode… », « peut mieux faire… », « intelligent mais désorganisé », « pas motivé… », « pas assez attentif en classe… », « élève dissipé… », « trop agité », « instable ». Des élèves intelligents qui n'obtiennent pas les résultats attendus et ne savent pas actualiser leur potentiel… Ces difficultés apparaissent de plus en plus tôt, et les enseignants tout comme les parents sont démunis : que faire avec ces enfants ? Comment les remotiver ? Comment réagir devant les comportements d'opposition au travail scolaire, ou devant les attitudes de passivité, d'inhibition et parfois de détresse ?

Dans cet ouvrage, nous évoquons les élèves du CP à la 6e. Cette période dite de « latence », entre 6 et 12-13 ans, m'a toujours saisi par son incroyable activité et par ses zones de turbulence : après les acquisitions « douces » de la maternelle, voici venu le temps des nouveaux apprentissages, avec leur cortège de frustrations, voici venu le temps de la socialisation avec ses exigences. Ce passage de l'apprentissage en douceur aux contraintes des nouveaux savoirs révèle de plus en plus souvent une inadaptation de l'enfant. Les difficultés rencontrées sont-elles inéluctables ? Le pronostic de l'échec scolaire inévitable ?

Pour un enfant en harmonie avec la réalité

Peut-être nous sera-t-il reproché de nous inscrire dans une philosophie bien actuelle de l'efficacité, dans la pensée ou la culture dite de l'entreprise libérale. Mon objectif est simplement d'aider des parents déconcertés devant certains « troubles » de leur enfant. Il n'est pas question de stimuler les enfants pour qu'ils soient de futurs « ceci » ou « cela ». La priorité sera toujours le bien-être, l'estime de soi, l'acceptation de soi et d'autrui. Que l'on ne confonde pas cette démarche avec une tentative de modéliser l'enfant en futur « performant ». Nous sommes avant tout dans une relation d'aide et ce qui nous importe le plus est que l'enfant soit heureux, en harmonie avec la *réalité.*

L'inadaptation scolaire n'est pas qu'un symptôme. Réussir à l'atténuer ne provoque pas d'autres manifestations dites de « déplacements », comme le veut une légende en psychologie. Notre pratique me le démontre souvent, aller mieux, être meilleur à l'école, épanouir son potentiel, tout cela retentit sur la construction de l'entière personnalité. L'intégration scolaire symbolise non pas un mal-être profond mais le plus souvent un déséquilibre entre la liberté de l'enfant et les exigences sociales. Il ne saurait être question d'efficacité ou de simple pragmatisme (même si ces deux termes ne nous semblent aucunement honteux). Notre projet est la *remotivation scolaire*. Il s'agit aussi de retrouver un lien positif avec la réalité, qu'elle soit déplaisante ou non. Bien sûr, l'école de ce début de siècle est inadaptée devant les échéances du nouveau millénaire. Il est temps que les pouvoirs de tutelle réagissent. Mais la majorité des enfants et adolescents peuvent encore *majoritairement* s'inscrire dans cette réalité scolaire et c'est pourquoi nous voulons intervenir : l'enfant démotivé creuse l'écart avec les plus adaptés au risque d'accroître ses difficultés dans le futur.

Certes, l'adaptation de la majorité des élèves ne justifie pas le cursus scolaire actuel. Cependant, la démotivation scolaire n'est pas liée *uniquement* aux programmes ou aux enseignants. Beaucoup d'élèves démotivés pourraient développer les mêmes difficultés dans un contexte radicalement rénové : leur dysfonctionnement est souvent lié à des attitudes propres à l'enfant devant les contraintes ou la réalité. Leur inadaptation signe souvent un décalage entre les exigences scolaires et des attitudes de peur, de dévalorisation ou de refus qui ne sont pas exclusivement induites par l'école.

Remotiver son enfant

« Tant qu'il était à la maternelle, tout allait bien, il aimait bien l'école, la maîtresse lui plaisait... Maintenant, c'est toute une comédie pour y aller... vous le verriez les dimanches soir, il a des maux de ventre terribles… et, pour le lever le lendemain, c'est toute une histoire. »

Parents, vous êtes dans l'incertitude. Vos attitudes oscillent entre la permissivité, la normativité (extrême fermeté) ou l'évitement, l'abandon au gré des lectures, des conseils et autres vulgarisations « pédagogiques », « psychologiques », voire « sociologiques ». Du côté des enseignants, la réponse se manifeste par une volonté d'aide (classe de soutien, section spécialisée, bilans, profils « psy ») ou par un rejet massif allant jusqu'aux exclusions. La plupart du temps, nous remarquons un formidable gâchis des potentiels et une grande impuissance à traiter les *comportements de démotivation*. Les verbalisations, les conseils et autres attitudes traditionnelles des enseignants, des éducateurs et des autres parents participent le plus souvent à la démotivation. Les comportements d'aide sont vécus comme des jugements, du verbiage, de la morale et se voient refusés parce que trop éloignés du vécu du « démotivé », de son ressenti.

Ce livre propose une stratégie de remotivation devant l'éventail des difficultés scolaires ou d'apprentissage qui ne proviennent ni d'une déficience importante ni d'une pathologie lourde. Que pouvez-vous faire ? Les enseignants et les parents se rejettent la responsabilité et l'enfant devient spectateur, renforce ses comportements inadéquats devant tant d'attitudes contradictoires. Aux comportements incohérents et aux difficultés de l'élève démotivé, « en échec scolaire », cet ouvrage tente de répondre par des pistes de travail qui se veulent réalistes et simples. Mes hypothèses sont le fruit de ma pratique quotidienne, en tant qu'éducateur spécialisé d'abord, psychologue, psychothérapeute ensuite, enseignant chercheur d'université et bien sûr parent. Mon témoignage est fondé sur des faits et non sur des principes. Quant à mes propositions, elles sont le fruit d'une rencontre avec vous, parents, qui me traduisez une quasi-impuissance à gérer les difficultés scolaires de votre enfant et mes propres interrogations en tant qu'intervenant : car, devant ces enfants dont les difficultés ne répondaient à « aucune hypothèse psychologique classique », je me suis trouvé en déséquilibre. Il faut aussi l'avouer, les attitudes de plus en plus arrogantes et conflictuelles de certains enfants pseudo-précoces et omnipotents ont été très motivantes.

Des réponses personnalisées

Les réponses éducatives ne sauraient être les mêmes pour l'enfant anxieux, l'élève dévalorisé, ou celui que nous appelons l'« intolérant aux frustrations », ou encore le scolaire simplement désorganisé ou sans objectifs. De quelle démotivation s'agit-il ? Notre propre attitude, en tant que parent, doit, elle aussi, être reconnue, évaluée et, selon les cas, « confrontée » pour diminuer les renforcements des comportements inappropriés. C'est pourquoi j'ai tenté d'apporter des réponses spécifiques pour chaque attitude démotivante, afin que vous puissiez comprendre les inadaptations et appliquer de véritables techniques de remotivation, des méthodes de travail.

Cependant, vous ne sauriez être les seuls acteurs, les seuls responsables. Les enfants démotivés doivent aussi assumer leur part de responsabilité : l'enfant démotivé doit cesser de projeter sur l'environnement (matières scolaires, parents, enseignants) la cause de ses attitudes et de ses difficultés. Il a aussi sa part de *responsabilité* dans sa démotivation scolaire. Ce livre peut favoriser les échanges entre les éducateurs et les enfants avec des tests d'évaluation, des définitions, des attitudes et des conseils. L'élève doit se remettre en cause : s'autoévaluer, reconnaître ses attentes, ses exigences souvent irréalistes, ses propres « démotivateurs ». Il lui faut envisager autrement les nécessaires frustrations de l'école et relativiser ses contraintes pour mieux les resituer dans un projet global d'évolution.

Tout ce qui peut démotiver est envisagé :

— Peut-on travailler sans *objectifs* ?

— Votre enfant sait-il s'organiser, gérer son temps ?

— Dans quels contextes se démotive-t-il ?

— Quelles sont les attitudes qu'il faut combattre ?

— Comment votre enfant peut-il mieux se connaître et retrouver son potentiel, *l'accommoder à la réalité scolaire ?*

Un bon sens éducatif

Il n'est pas question de « techniciser » votre relation parentale vis-à-vis de vos enfants, il convient simplement de prendre du recul devant des attitudes qui sont le plus souvent inopérantes et qui ne cessent d'amplifier les phénomènes de démotivation. *A contrario* de la formule, désormais célèbre, *être parent n'est pas un métier*, nous proposons des *apprentissages spécifiques* pour des réponses spécifiques. Les difficultés scolaires méritent un véritable « travail » parental. Il vous faut savoir retrouver un échange harmonieux entre les exigences et la réalité, entre la singularité de votre enfant et votre amour parental.

Nous proposons des conseils, mais nous nous intéressons aussi aux phénomènes émotionnels qui sont à l'origine des attitudes inadéquates : il faut aider l'enfant à évaluer ses propres croyances, ses attentes, ses demandes et ses exigences pour mieux les confronter à la réalité et les relativiser. Sans prétendre rédiger un traité d'éducation, je serai constamment vigilant au rapport soi-autrui, à l'équilibre entre la liberté de l'enfant et les exigences sociales. Le refus des contraintes et l'omnipotence sont souvent le dénominateur commun de la démotivation scolaire. J'emprunterai à l'*Émile* de Rousseau un bon sens éducatif qui me paraît être d'une grande actualité dans un contexte parental où beaucoup ont adhéré au fameux contresens de « la liberté et le plaisir à tout prix ».

Les chapitres qui suivent vous proposent une approche différente de la grande enfance, une véritable thérapie du quotidien où la psychologisation parfois excessive est remise en cause. Si le soi-disant ennui de nos enfants à l'école mérite que les réformateurs réforment, nous nous devons, nous les parents, de nous remettre doublement en cause : entre la sous-stimulation des apprentissages (quand nous sommes trop permissifs) et la surstimulation (quand nous projetons nos propres désirs sur la destinée de notre progéniture) il y a place pour l'éducation, cette incontournable médiation entre notre enfant et la réalité.

Chapitre premier

Votre enfant est-il démotivé ?

Les parents savent bien évaluer la démotivation de leur enfant. Ils sont conscients de ce que nous appelons sa *non-performance,* c'est-à-dire qu'ils mesurent parfaitement l'écart entre ses résultats scolaires ou sa *performance* et le potentiel qu'ils soupçonnent chez lui. En revanche, ils ne comprennent pas ses attitudes de démotivation : pourquoi l'évitement, le refus, le découragement ? Tout cela a de quoi surprendre, agacer ou agresser n'importe quel parent.

Des tentatives de réponses...

Quelles sont nos réactions habituelles ? Nous tentons d'abord le soutien scolaire, l'accompagnement à la maison ou par un tiers, l'aide d'enseignants, puis l'appel aux « spécialistes », sans trop connaître leurs priorités. Entre nos attitudes parentales et l'envoi chez l'orthophoniste ou le psychologue, que n'avons-nous tenté ! C'est le fameux : « Nous avons tout essayé ! » La plupart du temps, ces tentatives se résument en attitudes contradictoires : de l'encouragement disproportionné aux sanctions inadéquates. Qui n'a pas « craqué » lors d'un soutien scolaire familial ? Combien de témoignages de parents dont la volonté de départ s'inscrivait dans l'aide de l'enfant et se terminait dans le rejet le plus complet !

Grégory ou la vraie « tête à claques... »

Le thérapeute : *Vous l'aidiez ?*

La mère : *Dès le CP, il fallait tout revoir à la maison... Il ne disait trop rien, j'avais l'impression que nos révisions étaient utiles... et puis cette année de CM1, c'est l'enfer !*

Le thérapeute : *L'enfer ?... (ton de reformulation empathique).*

La mère : *Oui... l'enfer (ton antipathique). Il y a des fois où il a l'air complètement idiot... l'autre samedi, il ne savait même plus sa table des 2, alors vous comprenez...*

Le thérapeute : ...

La mère : *Eh bien, il s'est pris une bonne gifle !...*

Le thérapeute : *Ils ont l'art de nous faire craquer, surtout quand plus rien ne semble rentrer... on a l'impression de ne rien pouvoir faire... et surtout que l'enfant le fait exprès...*

La mère : *Vous me comprenez... (ton sympathique).*

Ce n'est pas si facile d'aider nos enfants quand il s'agit de corriger leurs difficultés scolaires. Comment s'y retrouver dans leurs blocages ? Est-ce *l'instrumental* (les instruments de l'intelligence) qui ne fonctionne pas bien, ou est-ce *l'affectif* (l'émotionnel) qui est en jeu ?

La démotivation scolaire ou la non-performance

La non-performance se définit par l'écart entre un résultat scolaire attendu et ce qui est obtenu en réalité. Lorsque vous nous consultez, lorsque les enseignants nous interrogent, nous entendons ces mêmes remarques : « C'est incroyable de le voir agir dans ses loisirs ou à la maison et de le regarder devant une tâche scolaire, ce n'est plus le même ! » « Dans les matières qu'il aime, il peut obtenir d'excellents résultats. » « Il lui arrive de bien apprendre la veille et tout semble disparaître de retour à l'école… » « Si vous le voyiez travailler… il met dix fois plus de temps que ses frères et sœurs ! » « Il n'arrive pas à se concentrer… » « C'est pour le mettre au travail que c'est le plus dur… » « Vous devriez voir l'état de son cartable, et sa chambre ! » « Pour lui, il n'y a que le jeu qui compte. » « Rien n'y fait, ni les sanctions, ni les récompenses, nous avons tout essayé ! » « Faut dire que les enseignants l'ont vite catalogué ! » « On en arrive à se demander s'il est fait pour les études… »

Arthur voulait « jouer »

Arthur, 7 ans, élève de CE1, lors de notre première rencontre au cabinet de consultation : « J'arrive pas à apprendre… mon père dit que j'ai pas de mémoire, j'apprends bien pourtant, mais j'oublie quand je suis en classe... » Il passe un test de mémorisation immédiate et le faible score traduit une mauvaise performance et surtout une non-classification des mots à apprendre. Après une intervention où nous lui demandons de ne pas apprendre n'importe comment, mais lui proposons d'organiser, de regrouper les mots « en famille », Arthur obtient un score au-dessus de la moyenne attendue « dans son échantillonnage de population ». Nous lui donnons un autre test, mais cette fois-ci de résolution de problème : il doit retrouver une figure cachée parmi d'autres (test proche du GEFT, Guilford Embedded Figure Test, épreuve des figures mélangées), il regarde à peine les figures et déclare : « Je ne vois rien, c'est trop dur... » Nous insistons et observons sa manière de faire : Arthur regarde vaguement le problème, nous dévisage, tourne souvent la tête vers le bureau et différents objets, ne se concentre pas sur l'énoncé du test. À notre question : « Comment pourrais-tu t'y prendre ?... » nous n'obtenons qu'un : « Mais j'en sais rien, moi ! » L'agitation augmente, nous devons lui demander de rester assis et de nous écouter attentivement... Notre hypothèse est qu'il appréhende tout problème de façon trop globale, il n'analyse pas du tout les données, n'intègre pas toutes les informations... Nous l'aidons à prendre des points de repère, des indices et à retrouver ainsi les figures et ses résultats s'améliorent.

Dès qu'il y a du nouveau ou du « difficile », nous nous heurtons au même problème, il essaie d'éviter la difficulté en répondant n'importe quoi, ou refuse en prétextant qu'il est trop petit ou menace de le dire aux parents et qu'il ne reviendra jamais... « Je croyais qu'on allait faire des jeux... »

Cet exemple signe une forte impulsivité cognitive et une faible résistance aux frustrations avec un refus typique de ce que nous appelons le « conflit cognitif » : en clair, la volonté première de l'enfant est d'éviter le déséquilibre et le déplaisir qu'engendre inévitablement tout savoir nouveau à un moment donné.

Il était « bon » jusque-là !

Rémi, 12 ans, élève de 6e : ses parents ont pris rendez-vous après un premier bulletin trimestriel particulièrement catastrophique. Les parents introduisent le problème avec un habituel : « Nous sommes d'autant plus surpris qu'il avait de très bons résultats jusqu'ici... C'est vrai qu'on leur demande tant de choses en 6e !... » Lorsqu'il est seul avec nous, Rémi reprend certains thèmes « parentaux » favoris : « Il y a trop de profs, on est perdu... et puis le prof d'anglais, il m'a pris en grippe parce que je parle des fois..., de toute façon, l'anglais, je ne vois pas à quoi ça sert, c'est des listes de mots à apprendre par cœur et j'aime pas ça... Le français c'est pareil, elle nous fait lire des trucs qui ne m'intéressent pas. Papa le dit souvent, ce serait mieux de lire des romans d'aventure ou de science-fiction comme les séries à la télévision... sinon c'est pas marrant et ça sert à rien... » Aux questions concernant la gestion de son temps de travail à la maison, nous obtenons les classiques : « On nous donne tout au dernier moment, il y a trop de travail, on peut pas tout faire... » Une investigation plus sérieuse nous montre que tout est toujours fait à la dernière minute et que les devoirs annoncés à l'avance seront réalisés eux aussi dans l'urgence, « la veille, comme ça je suis plus concentré et je me rappelle mieux ce que j'ai appris... » Lorsque nous évoquons le « quotidien », les tâches à la maison, l'argent de poche ou les éventuelles récompenses, nous avons droit au « ils me donnent de l'argent de temps en temps, mais ça n'a rien à voir avec l'école !... » Nous apprenons qu'il n'y a jamais de récompenses attribuées pour tel ou tel résultat, mais au contraire des gratifications désormais « dues » comme la télévision dès le matin, des séances de cinéma selon le marketing nord-américain, des anniversaires toujours somptueux, mais rien de tout cela n'est lié à la qualité du travail scolaire. En revanche, comme le soulignent la plupart des enfants, « faut voir comment ils (les parents) crient quand j'ai une mauvaise note ! »... avant d'ajouter pour certains « mais j'y suis habitué, ça finit par passer ! »

Sans proposer un diagnostic clinique précis, ce dernier exemple du petit Rémi traduit, à mon avis, une absence de lien scolarité-réalité, donc pas d'objectifs, une gestion du temps déficiente et une attribution de ses problèmes scolaires aux enseignants et matières enseignées. Quant aux attitudes parentales, elles semblent osciller de la permissivité à la critique verbale sans qu'il y ait cohérence entre l'attitude de leur enfant et sa propre responsabilité d'élève. Nous trouvons là aussi des caractéristiques de la « non-performance » telles que nous les définissons ci-dessous.

Comment évaluer la démotivation scolaire ?

Les critères d'évaluation que nous proposons ne sauraient définir un quelconque nouveau « syndrome de la démotivation scolaire ». Ils n'ont pas besoin de *tous* exister pour traduire un trait spécifique de la non-performance. Une seule certitude, si les difficultés scolaires, les problèmes d'apprentissage et de démotivation ressemblent à ce que nous décrivons dans le chapitre suivant, vous pouvez faire l'hypothèse que votre enfant n'a pas de problème psychologique grave.

Une absence de pathologie

Existe-t-il des troubles ou dysfonctionnements graves en dehors de l'école, des « symptômes » éloignés du contexte scolaire ? Le retrait de toute communication avec les parents et la fratrie, des angoisses nocturnes répétées, le refus d'alimentation, des « moments de coupure » avec la réalité sont autant d'indices sérieux qui méritent une intervention spécialisée. La pathologie ou un problème psychologique et psychiatrique grave envahissent en général tous les domaines de vie de l'enfant : l'école, la vie à la maison, les loisirs, la santé. Notre définition n'est aucunement exhaustive, l'essentiel est que vous compreniez qu'une difficulté scolaire est le plus souvent reconnaissable par des caractéristiques éloignées d'un trouble de la personnalité plus profond.

EST-CE GRAVE ?

Non, si nous observons...
De l'énergie quand il s'agit de jouer. Il n'a aucune difficulté pour comprendre un jeu vidéo. Il aime changer fréquemment de loisirs. Il excelle dans ce qu'il aime. Il existe des matières scolaires où il est « motivé ». Il est sociable, a des copains. Il a bon appétit (même s'il est difficile). Il dort normalement.

Un peu plus si nous remarquons...
Une grande léthargie dans ses loisirs ou centres d'intérêt. Il peine pour apprendre tout ce qui est nouveau. Il reste en retrait de toute activité. Il ne s'investit dans rien. Les mauvais résultats sont homogènes. Il passe de longs moments sans voir personne. Il mange très peu ou beaucoup trop. Il dort longtemps ou pas assez.

Dans le cas contraire, ces attitudes ne signeraient pas un simple « dysfonctionnement » mais pourraient inciter à voir un spécialiste.

Un bon potentiel mental, des capacités d'apprentissage normales, voire au-dessus de la moyenne

L'enfant non performant a toujours montré une grande facilité d'apprentissage dans les classes maternelles. Il ne souffre d'aucun déficit concernant sa mémoire ou la compréhension. De même, il se révèle très performant dans les activités de loisirs, de créativité, et sait exceller dans le sport comme dans les jeux vidéo réputés complexes par les adultes. Tout apprentissage nouveau ne lui posait, jusqu'à présent, aucun problème. Les enseignants s'accordent en général pour dire qu'il a les moyens de réussir. Pour certains enfants qui ont déjà fait l'objet d'un bilan psychologique avec calcul du quotient intellectuel, les résultats montrent un QI le plus souvent supérieur à la moyenne et en tout cas nettement *supérieur* aux résultats scolaires qui pourraient être obtenus avec un tel potentiel.

Des résultats scolaires en dents de scie...

Les spécialistes évoquent les « acquisitions régionales » pour définir le grand décalage entre tel résultat dans telle matière et les blocages dans telle autre. D'autres parlent de « décalages verticaux ou horizontaux » (Piaget) pour qualifier l'incohérence des acquisitions scolaires. Tel élève ne rencontre aucune difficulté en lecture, mais bloque sur l'apprentissage d'une règle de grammaire. Tel autre comprend parfaitement un problème de calcul, mais a bien du mal à maîtriser une opération spécifique comme la division. En clair, il est bon dans certaines matières ou certains sujets d'une même matière et bloqué dans d'autres (décalage horizontal). À d'autres moments, il se montre capable de réaliser des tâches d'une classe supérieure mais devient impuissant devant un raisonnement de sa propre classe (décalage vertical).

Piaget

UN EXEMPLE DE BULLETIN SCOLAIRE « NON PERFORMANT »
(au mois de novembre, classe de 6e)

Matières, notes, commentaires
Français : 12, 7, 10. « Des capacités mais il faut plus de méthode. »
Mathématiques : 12, 18, 4, 7. « Un bon début d'année mais les leçons sont-elles suffisamment apprises ? »
Histoire-géographie : 10, 8, 9. « Ne semble pas du tout intéressé, attitude limite en classe. »
SVT : 12, 14, 10. « Ensemble correct. »
Anglais : 17, 13, 9. « Participe bien en classe mais les leçons de grammaire doivent s'apprendre. »

Des attitudes spécifiques devant l'obligation scolaire

Devant les difficultés d'apprentissage, un élève peut avoir différentes attitudes qui vont d'un profond sentiment de dévalorisation (« je suis pas bon ») à des croyances anxiogènes (« je n'y arriverai pas… ») sans oublier un dénominateur souvent commun : le refus de la frustration, du déplaisir que suscite souvent le scolaire (« ça ne m'intéresse pas… », « c'est trop dur », « j'aime pas ça »).

TROIS VÉCUS DE LA DÉMOTIVATION SCOLAIRE (aucune n'est exclusive)	
Vous observez	**Il est probablement**
beaucoup d'émotivité ou « stress » autour de l'école	anxieux
une faible résistance à l'échec	dévalorisé
une dramatisation des tâches scolaires	anxieux
un découragement trop rapide	dévalorisé
un évitement du « nouveau »	anxieux
un refus des contraintes	intolérant aux frustrations
un appel fréquent pour être aidé	anxieux ou dévalorisé
des « notes cachées » ou qui ne correspondent pas à celles annoncées	intolérant aux frustrations
il est souvent « submergé » par les devoirs	anxieux
il pleure souvent devant des difficultés	dévalorisé
il a rarement du travail à la maison	intolérant aux frustrations

« C'est pas de ma faute ! » ou le lieu de contrôle externe

La responsabilité de l'échec scolaire est attribuée à l'enseignant, aux matières enseignées elles-mêmes, aux attitudes parentales en général. « Je ne travaille pas bien parce que l'institutrice ne m'aime pas… » « L'histoire, ça ne sert à rien… » « Mes parents m'aident pas assez… ils sont trop sévères… » Les mauvais résultats ne sont jamais liés à la propre responsabilité de l'enfant quant à son manque d'attention en classe, le refus du scolaire à la maison, sa façon superficielle d'apprendre.

QUI EST RESPONSABLE ?		
Dans les cas suivants	**Je m'attribue la responsabilité de mes actes** (lieu de contrôle interne)	**C'est pas ma faute** (lieu de contrôle externe)
une mauvaise note…	« je m'y suis pris trop tard »	« elle nous a prévenus au dernier moment »
un sujet mal compris…	« il faut que je relise le texte »	« avec lui on comprend rien ! »
un exercice difficile…	« surtout bien comprendre l'énoncé »	« ça n'a rien à voir avec la leçon »
une remarque de l'enseignant…	« ce que j'ai fait ne pouvait pas lui plaire »	« il s'en prend toujours à moi »
une colère des parents…	« va falloir que je m'y mette ! »	« ils ne font rien pour m'aider »

« Le ministre l'a dit » ou Adrien le réformateur

Adrien, 10 ans et demi, élève de CM2, n'a connu aucun redoublement jusqu'ici. Nous sommes en mars et l'institutrice a prévenu les parents que les résultats étaient justes et pourraient retarder un passage en 6e. Après l'échange avec les parents, j'entame l'entretien individuel avec l'enfant.

Le thérapeute : *Tu te rends compte que c'est très juste pour le passage en 6e ?…*

Adrien : *Ils disent toujours ça… mon frère a eu la même instit… Il est passé quand même…*

Le thérapeute : *Comment tu expliques les notes vraiment pas terribles des deux derniers mois ?…*

Adrien : *Elle nous demande des dossiers, des collages, des tas de trucs et elle veut pas qu'on cherche sur l'ordinateur…*

Le thérapeute : *Oui, mais les leçons… tu les apprends réellement ?…*

Adrien : *Ça irait mieux si on pouvait se servir de l'ordinateur… c'est pas intéressant… on m'a dit qu'on n'était pas moderne dans nos écoles…*

Le thérapeute : *Qui t'a dit cela ?*

Adrien : *J'ai entendu… je crois que c'était le ministre… on a du mal à apprendre parce que c'est pas moderne… et puis ils sont pas souvent là…*

Le thérapeute : *Qui ? tes parents ?…*

Adrien : *Non, non… ceux qui font l'école… le ministre l'a dit !…*

Une impulsivité cognitive

Un autre dénominateur commun semble être le peu de temps accordé à tout nouvel apprentissage. Ces enfants comprennent rapidement de quoi il est question devant une nouveauté, mais ne se donnent pas le temps nécessaire pour bien intégrer les informations. Ils apprennent l'essentiel, en « diagonale », mémorisent rapidement (visualisent le plus souvent), mais n'intègrent pas toutes les données. Leurs acquisitions deviennent superficielles et donc inefficaces quand les exercices d'application varient quelque peu des énoncés connus et soi-disant assimilés.

Il est lent !...
Kevin, 10 ans et demi, classe de CM1. Il entre très agité dans le bureau, il ne cesse de gesticuler, manque de renverser une chaise...
Les parents : *Nous l'avons amené pour un problème de « lenteur ».*
Le thérapeute : *Il a l'air bien tonique. (Je demande à Kevin de rester sur sa chaise...)*
Les parents : *Vous ne l'avez pas vu devant un devoir de grammaire... il met dix minutes pour faire une analyse d'un mot !... Le petit d'à côté a toujours fini en une demi-heure et notre Kevin, il lui faut bientôt plus d'une heure pour tout faire et tout n'est pas « su » !...*
Le thérapeute avec Kevin seul (et enfin calme...) : *Si on reprenait l'exercice où tu étais très lent ?...*
Je lui donne un exercice de grammaire du Bescherelle, *Cours moyen première année et j'observe... Kevin n'arrête pas de boucler la mèche de cheveux sur son*

front, fixe l'exercice et écrit une réponse... Dans la phrase « Annie a de gentils camarades », il souligne « gentils » et écrit « attribut du sujet » ; je lui demande ce qu'est un « attribut du sujet » et me rends compte qu'il l'ignore...

Le thérapeute : *Tu n'apprends pas la leçon avant de faire l'exercice ?*

Kevin : *Mais j'ai compris en classe !...*

Le thérapeute : *Où se trouve la leçon dans le livre d'exercices ?...*

Et Kevin de remarquer le « résumé » en lettres grasses avec le titre « L'adjectif épithète ».

Kevin : *Ah oui, c'est « un » épithète !...*

Le thérapeute : *Pas si vite... reviens à la leçon.*

À la fin de la séance, j'apprends aux parents que, selon les premiers exercices d'évaluation, il est « lent » parce que trop *rapide*, il apprend trop vite l'essentiel d'une règle, veut répondre tout de suite, hésite, « a faux », revient quelque peu à la règle, redémarre et ainsi de suite. Rien n'est intégré dans un premier temps, c'est le fameux processus « essais-erreurs » avec ses incontournables allers-retours et une quantité de temps qui devient toujours plus importante.

Une école sans objectifs

Sans vouloir à tout prix qu'un enfant de 6 ou 7, voire de 10 ans, sache « ce qu'il va faire plus tard », il est souhaitable de toujours lier les exigences scolaires avec un « futur », qu'il soit personnel ou professionnel. Pourquoi apprendre l'anglais si tôt, pourquoi appliquer les règles d'orthographe... ? L'histoire, la géographie sont utiles à quoi, les maths serviront pour… ? Chez nos enfants non performants, ce lien entre l'école et la réalité est rarement fait : la scolarité semble n'exister que pour les contraindre, elle n'apporte rien, ni pour le présent et encore moins pour le futur.

POUR QUE L'ENFANT APPRENNE
À FAIRE LE LIEN ENTRE L'ÉCOLE ET LA RÉALITÉ

« Je suis à l'école *pour*… »
et non :
« Il *faut* aller à l'école. »

Une gestion du temps quasi inexistante

Lorsque nous appréhendons le « comment » ils apprennent leurs leçons ou font leurs devoirs, nous révélons toujours une incohérence quant à la répartition de l'effort, une impuissance à établir des étapes d'apprentissage, l'inexistence de tout rythme pour le travail à la maison. Les leçons sont apprises au dernier moment. Un travail peut demander un temps très long alors que telle autre matière est vue superficiellement. Les premières classes du primaire ne demandent que peu de travail à la maison et bien souvent l'habitude est prise : je ne travaille chez moi que lorsqu'il y a urgence. L'enfant doit acquérir des habitudes de travail régulières (anticiper) et non travailler pour le lendemain dans l'urgence. Au *je n'ai rien à faire pour demain*, substituer *comment pourrais-tu t'avancer ?*

Des attitudes parentales contradictoires

L'enfant non performant est déroutant : puisqu'il est intelligent, il ne devrait pas lui manquer grand-chose pour mieux travailler ! Si c'est uniquement l'affaire de son tempérament, il suffirait de trouver l'attitude éducative adéquate. De plus, dans les cas évoqués plus haut, il y a parfois non seulement la mise en cause de l'enfant mais aussi celle des enseignants, et nous avons désormais le cocktail détonant pour obtenir un vrai blocage.

Pas question de blâmer qui que ce soit, l'attitude déroutante de l'enfant démotivé débouche le plus souvent sur des comportements parentaux qui varient, selon le cas ou l'époque, de la surprotection à l'autoritarisme, de la réactivité trop émotionnelle à la plus grande permissivité ou à l'abandon. Cette variabilité dans nos attitudes est, elle aussi, significative du découragement et de l'impuissance devant les incohérences de la « non-performance ».

Il n'avait même plus son vélo !...

Xavier a 10 ans et demi, il redouble le CM2.

Le thérapeute : *Y avait-il des conséquences à la maison lorsque les notes étaient particulièrement mauvaises ?*

La mère : *Bien sûr ! Nous avons tout essayé ! Rien n'y faisait, même si le vélo était supprimé pour une semaine...*

Le père : *Mais on lui redonnait peut-être un peu vite...*

La mère : *On ne peut pas non plus tout le temps punir... et puis ça ne marchait pas... Le voir si malheureux... vous comprenez... il n'avait même plus son vélo !*
Le thérapeute : *Alors qu'avez-vous décidé ?*
La mère : *Nous lui avons promis les sports d'hiver pour le motiver.*
Le thérapeute : *Ça a marché ?*
La mère : *Pas beaucoup...*
Le thérapeute : *Il a progressé ? Est-il parti à la neige tout de même ?*
Le père : *C'est un moment de partage en famille... supprimer ces vacances n'aurait rien réglé...*

LA DÉMOTIVATION SCOLAIRE OU « NON-PERFORMANCE » SE CARACTÉRISE PAR

— absence de pathologie « lourde »
— capacités intellectuelles normales
— résultats scolaires incohérents
— attitudes spécifiques chez l'enfant (anxiété, dévalorisation, intolérance aux frustrations)
— « lieu de contrôle externe » ou la déresponsabilisation de l'enfant (« c'est pas de ma faute... »)
— trop grande rapidité pour apprendre ou « impulsivité cognitive » (mentale)
— absence d'objectifs liés à la scolarité
— gestion inadéquate du temps de travail scolaire à la maison
— attitudes parentales contradictoires (récompenses ou punitions, rien ne marche)

VOTRE ENFANT EST-IL PERFORMANT ?		
	Performant	**Non performant**
Il paraît très intelligent dans les activités extrascolaires mais c'est très dur à l'école		×
Ses « performances » sont quasiment les mêmes pour le scolaire et le loisir	×	
Les notes sont régulières	×	
Les résultats sont en dents de scie		×
Il sait qu'apprendre c'est pour l'avenir	×	
Il ne voit pas à quoi sert l'école		×
Il s'y prend toujours à la dernière minute pour les devoirs et les leçons		×
Il a des rythmes de travail réguliers depuis le CP	×	
Il est souvent trop rapide pour des tâches complexes et trop lent pour des plus faciles		×
Il peut rester longtemps sur un apprentissage	×	
Sa concentration dure quelques minutes		×
Il a rarement des angoisses pour l'école	×	

VOTRE ENFANT EST-IL PERFORMANT ?		
	Performant	**Non performant**
Il est très inquiet dès que « c'est nouveau »		×
Il a tendance à ne « plus y croire » après un mauvais résultat		×
Il accepte de faire le moins plaisant	×	
Il refuse de faire une tâche dès qu'il n'aime pas		×
Il sait pourquoi il obtient un bon ou un mauvais résultat	×	
Il accuse souvent la « matière » ou l'enseignant quand cela ne marche pas		×

Chapitre 2

Pourquoi votre enfant a des difficultés scolaires

Il nous est difficile de comprendre les difficultés scolaires de nos enfants, surtout si elles surviennent précocement, dès l'entrée en cours préparatoire, dans les classes élémentaires ou cours moyens. De nombreux doutes surgissent : notre enfant a-t-il toutes les capacités requises ?

Possède-t-il la volonté, le caractère adéquats ? Existe-t-il un problème « psychologique » sous-jacent ? S'y ajoute une grande culpabilité puisque notre responsabilité parentale est engagée dans ce tournant décisif de l'évolution de l'enfant : l'adaptation scolaire est souvent synonyme de future intégration et de réussite sociale.

Rien ne va plus…
ou quinze jours après la rentrée scolaire

« Je ne comprends pas son attitude, l'institutrice lui demande de copier des mots de vocabulaire tous les soirs, c'est la croix et la bannière… En CE2, ça allait encore mais, cette année, c'est plus dur et l'enseignante semble le prendre en grippe… Vous verriez, il passe son temps les yeux au plafond et souffle constamment comme si on lui demandait la lune… En classe, on me dit qu'il s'assoupit souvent… il rêvasse… il doit avoir un problème. Nous avons pensé vous consulter… »

« À la maternelle, ils le supportaient encore, mais cette année, au CP, plus de cadeaux… à peine un mois et nous avons droit à tout : il ne reste pas en place, n'écoute pas, ne fait pas d'efforts pour l'écriture et refuse de répéter les mots en classe !… sans vous parler des problèmes avec les petits copains à la récréation… on nous a dit de venir vous voir… »

« Nous ne comprenons plus rien ! Tous les matins, c'est la catastrophe pour l'emmener à l'école… les pleurs… quand ce ne sont pas des problèmes de maux de ventre et plein d'autres choses… c'est dur vous savez de le forcer dans ces conditions… Et puis ce n'est plus un bébé, il a 8 ans !… On a tout essayé, les promesses, les punitions… rien n'y fait… vous allez nous aider ? »

Quand tout va mal, le parent démuni, et nous l'avons tous été, est prêt à « croire » tel ou tel avis, telle ou telle hypothèse dans sa quête de résolution du problème. Selon les connaissances et les conseils avisés, vous serez orienté vers un enseignant spécialisé, un orthophoniste, un psychologue, un pédopsychiatre, un « spécialiste » du développement de l'enfant.

Les théories classiques des difficultés scolaires

C'est l'Œdipe : l'explication psychanalytique

Lorsque nous parlons de l'enfant, nous évoquons un âge qui va de 6 ans à la puberté, une période que les professionnels qualifient de « grande enfance ». Je suis un parent averti, mon enfant manifeste un grand désintérêt pour l'école et ce dès son entrée au CP. Dans un livre « spécialisé », je crois comprendre que ce stade du développement de l'enfant correspond à la « phase de latence », selon la terminologie psychanalytique. La sexualité est mise en sourdine et l'enfant peut désormais investir le scolaire en cours préparatoire tout à fait normalement. Mais il faut pour cela désinvestir les « relations œdipiennes ». Un enfant trop attaché à sa mère s'intégrera mal au milieu scolaire. Cette désexualisation de la relation aux parents favorise une nouvelle « relation d'objet », elle permet donc à l'enfant de s'adapter à de nouvelles personnes extra-familiales telles que les maîtres, les camarades d'école. En tant que père, cela m'intrigue quelque peu mais je me trouve soulagé d'apprendre que la relation entre mon enfant et ma femme est essentielle… ouf !

Cette version de la théorie psychanalytique est certes logique avec elle-même dans sa croyance incontournable en la réalité du complexe d'Œdipe, véritable fondement de l'éclosion de la personnalité. Des parents, des enseignants, des éducateurs qui ne connaissent que cette approche du développement affectif de l'enfant peuvent dès lors envisager les difficultés d'adaptation scolaire sous l'angle purement « relationnel ». Que signifie ce refus de la scolarité chez tel ou tel élève si ce n'est le signe, la symbolique d'une volonté inconsciente de « rejouer » l'enjeu de la relation parentale ? Le comportement oscillerait désormais de l'opposition à l'évitement, au détachement du scolaire pour mieux signifier un complexe d'Œdipe mal résolu.

Mon propos n'est pas de redéfinir la théorie psychanalytique. Il me paraît en revanche important d'élargir le champ de nos connaissances ou de nos croyances pour appréhender les dysfonctionnements ou difficultés scolaires selon un tout autre point de vue. Vous, parents, ne vous adressez pas aux professionnels de la psychologie dans le seul but de confirmer ces fameuses hypothèses « classiques » de la démotivation scolaire !

« Je l'ai lu chez Dolto ! »

La mère : *Vous comprenez, nous avons divorcé il avait à peine 4 ans... J'ai dû reprendre un travail à temps complet, avant j'avais plus de temps pour lui... Depuis l'entrée en CP, il me fait des comédies pour faire le travail scolaire à la maison, il n'y a pourtant pas grand-chose... Je sais que j'aurais dû attendre pour le divorce, ce n'était pas le bon moment mais, vous savez, c'était infernal entre mon mari et moi...*

Le thérapeute : *Vous pensez que le divorce est responsable de cette rentrée difficile en CP ?*

La mère : *Vous le savez mieux que moi… ne plus avoir son père régulièrement… et moi qui m'en occupe moins… Il n'a pas dû digérer certaines choses… Il n'y a que vous qui pouvez l'aider…*

Le thérapeute : *Qui vous fait croire que tout vient du divorce ?*

La mère : *D'abord les enseignants me l'ont fait comprendre et puis je l'ai lu dans Dolto ! Derrière un problème à l'école il y a souvent autre chose…*

Le thérapeute : *Parfois oui, parfois non…*

La mère : *Peut-être mais une chose est sûre, s'il a un problème, c'est mon problème…*

Le thérapeute : *Ou son problème ?…*

La mère : *J'ai bien lu, ma relation à mon enfant est essentielle pour son adaptation à l'école…*

Le thérapeute (en pensée) : *Au temps pour moi, je ne comprends rien à la psychologie de l'enfant… relis donc tes classiques !…*

Très tôt, le rapprochement est fait entre le relationnel, l'interaction parentale, celle de la mère en particulier, et de graves carences. L'hypothèse de la « perturbation affective » devient donc le facteur essentiel des déficits intellectuels.

➤ De l'entrée en CP à l'entrée en 6e, une phase de « latence » ?

L'événement déclencheur ou traumatisant doit être recherché, à mon avis, dans sa réalité. De même, il nous paraît justifié d'appréhender les problèmes scolaires dans leur actualité, tout au moins dans un premier temps. En ce qui concerne la grande enfance, cette période de latence se doit d'être envisagée dans la réalité des difficultés. Nous ne pouvons adhérer au concept de « latence » qui signifie que tout est au repos jusqu'à la puberté et que ce stade est peu important. Bien au contraire, la grande enfance signe le plus souvent les premiers accrocs, le premier choc entre l'enfant et les contraintes des nouveaux apprentissages, les phénomènes de compétition, le passage en quelques mois d'une pédagogie individualisée à l'acceptation de règles de conduite, de rythmes de vie nouveaux. Les expressions parentales sont claires à ce sujet, elles passent de « *comment c'était avec ta maîtresse ?* » au fameux « *t'as bien travaillé ?* » Les résultats scolaires sont désormais codifiés, enregistrés et qualifiés. Au souriant « *qu'as-tu fait aujourd'hui ?* » se substitue désormais la quête du cahier de textes avec son incontournable « *qu'as-tu pour demain ?* ».

Rapidement, l'enfant doit changer sa conception du monde du tout au tout. La plupart du temps, les remarques négatives ou désobligeantes succèdent aux paroles d'encouragement dès l'apparition de la moindre difficulté. Ainsi, dès le cours préparatoire, l'enfant en difficulté d'apprentissage pourra entendre le « peut mieux faire » de son enseignant repris par le « il a des problèmes à l'école » de ses parents.

Et si le « peut mieux faire », la difficile transition entre l'école maternelle et le primaire ne révélaient qu'un problème de non-performance ? Une difficulté que les parents et les enseignants pourraient régler eux-mêmes et ce bien avant l'appel aux « spécialistes » ?

➤ La difficulté scolaire ne justifie pas toujours une interprétation psychanalytique

Dans la tranche d'âge du « grand enfant » (6-7 ans à 12-13 ans), les troubles de l'adaptation scolaire représentent la majorité des motifs de consultation que les professionnels rencontrent. Si, selon certains, la phobie scolaire avec ses symptômes fonctionnels (les douleurs abdominales, les nausées, les céphalées) est la révélation d'une non-adaptation à la sortie du complexe d'Œdipe, d'un refus de la séparation d'avec la mère, il est souhaitable de chausser de nouvelles « lunettes » de compréhension pour voir le problème autrement. Lorsque les difficultés d'apprentissage des mathématiques ou « dyscalculie » sont interprétées en tant que pathologie de la relation, pouvons-nous prendre une distance vis-à-vis de cette affirmation ?

Je me souviens de cet exemple clinique cité dans un manuel reconnu de psychiatrie de l'enfant : le cas de Stéphane, 7 ans et 10 mois, qui présentait des difficultés d'apprentissage en mathématiques et qui a révélé, lors d'une psychothérapie, qu'il y avait « l'influence d'un "non-dit" sur l'apprentissage de cette matière, notamment d'un "non-dit" portant sur la filiation de l'enfant ». Nous le répétons, que de telles hypothèses favorisent le déblocage de pathologies lourdes par un travail de transfert dans le cadre de la relation psychothérapique, cela est possible. Mais il nous semble, en revanche, inadéquat d'imposer les mêmes hypothèses à toutes les difficultés scolaires ou d'apprentissage. Soyons, soyez vigilants !

C'est l'école qui n'est pas adaptée à l'enfant : l'explication sociologique

De nombreux ouvrages ne font qu'une faible part aux phénomènes de démotivation ou de difficultés d'apprentissage du CP à la 6e. En revanche, les positions sont très claires et fermes sur ce sujet : l'environnement scolaire avec ses structures, ses programmes et son personnel est en inadéquation avec l'attente du jeune élève.

Tout règlement ou enseignement collectif brise ou « braque » l'enfant qui apprend. Ainsi, la ponctualité, l'obligation de suivre des cours imposés ne sont la révélation que de la toute-puissance de l'enseignant et surtout de la volonté sociale de casser l'individu dans sa spécificité. « Le grégarisme n'est pas humain ; réduire l'être humain à un animal social. De la harde au troupeau. Les écoles sont les bergeries de moutons de Panurge », disait Françoise Dolto.

« C'est pas toujours de sa faute ! »
Cédric, 11 ans, est un élève de 6e, venu consulter pour difficultés scolaires.
La mère : *Franchement, vous croyez que les contenus scolaires sont adaptés à notre époque ? (Cédric est attentif…) Ils sont surchargés de travail… (Cédric est d'accord.) Les enseignants ne facilitent pas les choses. (Cédric est satisfait.) Ce n'est pas que de la faute des enfants !… (Cédric est heureux !)*

Je l'ai déjà souligné et souvent réaffirmé, il est très souhaitable d'accommoder enfin le système scolaire aux générations actuelles et à venir. La question n'en demeure pas moins qu'il est intéressant de considérer aussi tous les enfants qui s'intègrent bon gré mal gré dans l'environnement scolaire proposé et qui, *a priori*, ne révèlent pas forcément une personnalité moyenne, sans consistance, un profil de « mouton ». Une autre question nous interpelle : cette théorie toute-puissante du respect de l'individu à tout prix pourrait-elle devenir dangereuse pour certains enfants ?

Mais nous avons tous adhéré plus ou moins pleinement à ces hypothèses. Nos lectures, que ce soient des ouvrages spécialisés ou de simples articles de journaux, l'audition d'émissions de radio ou de télévision ont bien évidemment participé à ces mêmes croyances concernant l'origine des difficultés scolaires : l'apprentissage à l'école est la résultante d'une problématique sous-jacente ou « externe » à l'enfant.

Thomas, un élève libre ou l'utopie d'une école non frustrante

Combien de fois avons-nous été témoin d'un parcours scolaire identique chez un grand nombre de démotivés ! Thomas, 16 ans, nous consulte en classe de seconde, ses résultats sont catastrophiques, la pression des parents est constante, il veut de l'aide... Il nous conte ses années de scolarité : « Tout allait bien jusqu'à maintenant... je n'avais pas besoin d'apprendre à la maison, j'écoutais un peu les cours et ça suffisait. Enfin, c'était sympa, pas de "prise de chou". Au primaire, fallait pas me demander les règles de grammaire, j'étais nul en orthographe mais les instits m'appréciaient, j'avais toujours de bonnes idées... C'est vrai que le cours moyen était un peu plus dur avec un c... d'instit qui voulait me faire réapprendre des trucs et qui prétendait que je n'avais pas le niveau !... Heureusement, mes parents sont intervenus, il m'aurait bien fait redoubler... On m'a mis dans un lycée expérimental, car je pouvais pas travailler comme les "têtes" (les bons élèves, NDLR), c'était sympa, pas de prise de tête avec les leçons, il y avait beaucoup d'activités non scolaires, on se marrait bien... Le problème, c'est que dès la 3e, les profs étaient moins "cool" et maintenant ils sont devenus vraiment c... C'est pour tout le monde pareil dans ce lycée, les profs paniquent vu les résultats du baccalauréat. Mais, jusque-là, je ne peux pas dire que je n'aimais pas l'école... j'ai pourtant un de ces retards... »

Ainsi, la scolarité pourrait répondre avant tout à l'exigence d'une école sur mesure avec ses trois principes fondamentaux :

— une formation personnalisée avec des horaires et sujets à la carte,

— des intervenants plus éducateurs qu'enseignants,

— un apprentissage qui se doit d'être un « plaisir » avant tout.

La motivation de l'enfant se déclenche dans le désir de faire, dans le « non-frustrant ». Mais n'existe-t-il pas une confusion entre autorité éducative et autoritarisme, entre les contraintes de tout apprentissage et la coercition ?

➤ Apprendre, c'est accepter les frustrations

La volonté du sur mesure serait appropriée dans un contexte social d'anéantissement et de négation de la spécificité individuelle. De nos jours, le jeune élève a bien besoin de l'apprentissage de l'obligatoire, de la frustration et du « principe de réalité » pour investir le scolaire et ses incontournables contraintes. C'est mon hypothèse de travail et je tenterai, tout au long des chapitres suivants, de donner des pistes pour rétablir l'apprentissage de l'enfant dans son rapport entre ce dernier et autrui, son plaisir et ses frustrations. Apprendre doit non seulement être synonyme de plaisir dans le domaine des matières favorites, mais doit aussi et surtout inclure l'acceptation du déplaisir. Aucun savoir ne permet de rester constamment dans le plaisir, quelle que soit la forte motivation de départ. Pour réaliser tel projet qui nous tient à cœur et pour lequel notre volonté de faire est au maximum, il faudra de toute façon passer par les inévitables étapes dites de « frustration ».

Écoutons le témoignage de deux élèves radicalement opposés dans leur appréhension de la scolarité.

Nicolas, une future « tête » ?

Nicolas, 7 ans, élève de CE1, se classe dans les bons : « J'aime pas trop l'école… c'est moins drôle qu'avant, quand on était petit… Le maître, il est parfois sévère et il gronde quelquefois les enfants… J'ai du travail à la maison et je dois travailler tous les soirs. C'est pas facile mais je préfère faire un petit peu tous les jours, c'est moins dur pour les tables de multiplication et les poésies. Enfin, ça va, j'ai des bonnes notes après et ça me fait plaisir… C'est comme pour la musique, j'aime pas le solfège mais maintenant je commence à jouer des chansons… Je m'amuse quand même ! Mais c'est toujours après les devoirs… j'ai pas le droit de regarder la télévision ou de jouer avant… »

Noémie, une future « rebelle » ?

Noémie, 8 ans, élève de CE2, en situation de blocage scolaire : « J'aime pas l'école... Il y a plein de choses dures, j'aimais mieux quand on jouait à plein de choses à la maternelle, les maîtresses étaient gentilles... Y a trop de choses à apprendre et j'aime pas ça... et puis les tables de multiplication, on n'en a pas besoin... j'ai du mal à apprendre mes leçons. Maman dit que je suis rêveuse... des fois, elle se fâche beaucoup, mais elle m'aide aussi et elle m'explique, alors ça va mieux. Mais à l'école faut toujours se tenir tranquille, on se fait disputer et y a rien d'intéressant, je m'ennuie... heureusement, il y a la récréation et le sport, ça, j'aime bien... On dit que je serai bonne en natation, c'est normal puisque j'aime ça ! »

POUR COMPRENDRE LES RAISONS DE LA DÉMOTIVATION SCOLAIRE

L'apprentissage scolaire ne peut se réduire à l'affectif (c'est-à-dire au « ressenti de l'élève »).

Il est non seulement vécu émotionnellement par l'enfant, mais aussi lié à d'autres facteurs :

— instrumental (le potentiel est-il là ?) « j'ai pas assez de mémoire... »

— motivation (pourquoi l'école ?) « à quoi ça sert d'apprendre ça ? »

— comportemental (comment je m'y prends ?) « je ne sais pas comment faire »

— tolérance aux frustrations (une attitude) « j'aime pas, c'est fatigant d'apprendre ».

Mon enfant est-il stupide ?
ou l'explication instrumentale

Pour nous parents, une autre question surgit : celle de la possible arriération mentale de notre enfant. Là encore, les difficultés scolaires sont appréhendées de façon dramatique : au complexe œdipien mal résolu succède l'hypothèse d'un déficit mental profond. Les parents n'ont plus le choix qu'entre une psychothérapie pour régler la situation œdipienne ou inscrire leur enfant dans un établissement spécialisé pour déficitaires.

Le crétinisme des Alpes...

Que les Savoyards me pardonnent mais l'inquiétude de certains parents est tellement grande qu'ils invoquent parfois une tare mentale, familiale, une débilité culturelle ou régionale...

La mère : *Vous savez, chez nous, on les éduque ! Les cinq autres enfants marchent tous bien à l'école et lui, l'avant-dernier, ne comprend rien en CM2, ça promet !...*

Le thérapeute : *Comment comprenez-vous ce blocage ?*

La mère : *Son père n'est pas un intellectuel, vous savez... c'est son commerce qui compte avant tout... et puis notre enfant tient beaucoup de son oncle... n'était pas très malin... de toute façon, à la campagne, vous le savez bien, ils sont moins bons qu'à la ville...*

Le thérapeute : *Mais, vous l'avez dit, les autres marchent bien !...*

La mère : *Justement ! Puisqu'il n'a pas de problèmes particuliers... s'il a du mal... il ne comprend peut-être pas tout... vous verrez bien son quotient intellectuel...*

À ce moment de la discussion, l'enfant me regarde et je ne perçois plus aucune lumière dans ses yeux... serions-nous proches du « crétinisme des Alpes » ?

Le thérapeute : *Et en dehors de l'école ?*

La mère : *Pour aider son père ou bricoler, là il retrouve ses moyens !...*

L'œil de l'enfant devient plus vif...

Il est très rare de rencontrer au CP ou plus tard des difficultés d'apprentissage liées à un quelconque déficit « instrumental ». Le plus souvent, lorsqu'il y a carence réelle, les dysfonctionnements sont repérés beaucoup plus précocement par les parents ou les professionnels de la santé qui savent évaluer un retard d'évolution. Le problème est ailleurs, les tests d'évaluation du potentiel mental signent la plupart du temps une intelligence normale avec tous les outils ou « prérequis cognitifs » nécessaires.

La démotivation scolaire est rarement le signe d'un déficit intellectuel.

Mon enfant est-il dépressif ? : l'explication pathologique

Pour le professionnel aussi, la tentation est très grande de ne plus voir les dysharmonies cognitives ou les problèmes d'apprentissage que dans leur dimension « inconsciente ». Je lis cette formulation savante d'un manuel de psychiatrie de l'enfant : « Faut-il voir dans les troubles cognitifs la marque de processus défensifs et précoces contre l'angoisse dépressive, en maintenant partiellement l'objet dans son statut archaïque d'objet clivé ou non permanent, ou faut-il les considérer comme le résultat d'une déficience dans l'organisation précoce du Moi, d'une entrave dans le fonctionnement mental, en rapport par exemple avec des expériences altérant le sentiment de continuité du nourrisson et son organisation narcissique ? Ou bien représentent-ils des difficultés d'ordre maturatif fixées secondairement pour des raisons d'ordre psychologique ou pédagogique ? »

Traduction : les difficultés d'apprentissage du jeune enfant s'expliquent le plus souvent par une problématique autour de la construction de sa personnalité dans sa relation entre lui et les autres, et en particulier entre lui et le lien à la mère.

Ou serait-ce le symptôme d'une difficulté liée au contexte d'apprentissage ? Cette seconde hypothèse ne pourrait-elle pas être prise en compte en premier lieu ?

Ludovic le tonique... dépressif

Les parents : *Il n'arrête pas de bouger, il est en bagarre avec tout le monde... à l'école, il provoque les petits copains, la maîtresse en a assez... elle nous dit que la lecture va poser problème... que ce comportement n'est pas normal... il y aurait quelque chose derrière... il serait dépressif !...*

Et le thérapeute de regarder Ludovic le dépressif : il sourit largement, ses yeux ne me quittent pas, surtout quand il tente de s'emparer de mes feutres sur le bureau...

Les parents : *Vous voyez, à la maison, c'est pareil... il prend tout ce qui lui tombe sous la main... faut voir ce qu'il casse !... (ni le père ni la mère ne demandent à l'enfant de remettre les feutres sur le bureau et de se rasseoir).*

Le thérapeute : *Ludovic, redonne-moi les feutres, c'est pour après… rassieds-toi !*

Ludovic me lance aussitôt un « non ! » monumental. J'insiste et il obéit avec une moue qui en dit long sur la future « alliance thérapeutique ».

Le thérapeute : *Il est souvent seul dans sa chambre ? Vous l'avez remarqué prostré ? S'alimente-t-il convenablement ?… Le sommeil ?*

Et toute une série de questions pour cerner cette fameuse dépression… Peu de détails vont dans ce sens et l'entretien est ponctué d'incidents avec Ludovic pour le faire asseoir de nouveau, pour qu'il ne quitte pas la pièce… « Ce n'est pas une grosse dépression ! N'est-ce pas Ludovic le Tonique ? » Le mot lui plaît, il part d'un grand rire… l'entretien seul avec lui se passera bien… « J'aurai ma "Game Boy" si je viens te voir ? »

Une nouvelle définition du symptôme dépressif s'imposerait-elle pour l'enfant du début du XXIe siècle ?…

La démotivation scolaire ne traduit pas forcément une « pathologie ».

➤ C'est grave ?…

A contrario, l'hypothèse d'une perturbation liée directement avec la situation scolaire dans sa réalité n'est que rarement retenue. Des auteurs n'hésitent pas à définir les difficultés d'apprentissage ou d'attitudes en classe avec les évaluations psychologiques ou psychiatriques. Ainsi la « labilité d'attention » et les attitudes d'échec sont caractérisées par un « Surmoi » rigide et pathologique, l'inhibition est liée à une pathologie phobique, les troubles de la mémoire correspondent à certaines structures hystériques, les « ruminations intellectuelles » signent un dysfonctionnement « obsessionnel » et le symptôme d'agressivité relationnelle à l'école est souvent lié à une organisation « dépressive » de la personnalité.

Il est donc tentant pour un professionnel de n'aborder le problème scolaire que sous l'angle affectif, c'est-à-dire psychothérapique et de négliger une entreprise plus concrète de remotivation parce que trop souvent qualifiée de « superficielle ». En revanche, en tant que parent, rien ne vous oblige à suivre aveuglément les diagnostics ou pronostics cliniques des théoriciens. Il ne s'agit aucunement de réfuter le professionnalisme de certains mais de tenter avant tout de comprendre la difficulté scolaire d'une tout autre façon. Il n'est pas question de négliger les orientations vers des professionnels lorsqu'il s'agit de troubles bien ciblés et spécifiques. Il serait vain d'éviter les orthophonistes lorsqu'il s'agit d'un trouble de la parole ou du langage, de dyslexie ou de dysorthographie. Il serait absurde d'oublier les « psys » lorsque l'enfant traduit tout un ensemble de signes « morbides », lorsque non seulement le « scolaire » est touché, mais toute la vie familiale et relationnelle en général. Mais il faut aussi tenter de garder son sang-froid et résister aux tentations d'une seule et même piste de travail.

➤ De la phobie scolaire à la démotivation

Il existe certes des blocages scolaires, de véritables phobies qui exigent une intervention spécialisée lourde, mais il me semble qu'un champ d'action est possible pour les parents et les éducateurs. Il est vrai que certains blocages ou dysfonctionnements peuvent trouver leur origine dans des accidents de développement ou « traumas » et nul ne peut contester l'impact émotionnel de certains événements sur la scolarisation d'un enfant : une séparation précoce des parents, des décès accidentels, la précarité de l'emploi ont bien entendu un effet sur le jeune élève. Il est donc parfois nécessaire de consulter un professionnel pour aider à dépasser, voire assumer certains événements traumatiques.

En revanche, il est indispensable de bien appréhender l'impact de l'événement qui parfois ne se révèle que « traumatique » au regard des adultes ou du professionnel ». Ainsi, une dramatisation du réel peut être le résultat d'une intervention trop « centrée » sur le soi-disant « traumatisme ». Combien de fois avons-nous entendu ces « témoignages » de parents quant à la cause du dysfonctionnement de leur enfant : « Mon mari et moi nous sommes séparés quand notre fils était jeune... », « Il a connu le décès de ses grands-parents avant l'entrée en 6e », « Sa sœur est handicapée et des personnes m'ont dit qu'elle s'interdisait de "creuser la différence" », « Son père a des problèmes d'alcool... » !

➤ L'école n'est pas un traumatisme...

Il n'est pas question de nier le traumatisme incontestable d'un père incestueux ou les conséquences dramatiques d'événements qui sont comparables dans l'abomination (sévices liés à l'enfance maltraitée). Dans ces cas lourds, il est indéniable que la priorité est de reconstruire les personnalités avec une approche profonde : les psychothérapies sont alors indiquées.

Mais la recherche constante de l'événement traumatisant peut amener l'intervenant, et avec lui ses parents, sur de fausses pistes. La réalité n'est pas la même pour tous les enfants et, là où elle s'avère difficile et traumatisante pour l'un, elle se révèle « dédramatisée » pour l'autre. Notre profession a quelquefois tendance à beaucoup étudier les pathologies. Le plus souvent, l'étude des « incassables », pour reprendre l'expression de J. Drevillon (ce sont les enfants « résilients » de B. Cyrulnik) se révèle nécessaire. En effet, beaucoup d'apprenants au vécu parfois lourd ne manifestent pas tous une pathologie mais montrent au contraire une acceptation impressionnante des faits et cherchent une nouvelle accommodation au réel.

LES RAISONS DU BLOCAGE DE L'ENFANT À L'ÉCOLE

La difficulté scolaire n'est pas forcément le symbole ou le symptôme d'une pathologie sous-jacente. Elle peut être « comportementale » et révéler :

— un savoir-faire déficitaire
— une absence d'objectifs
— une mauvaise gestion du temps
— un tempérament anxieux
— une attitude de dévalorisation
— un refus de toute contrainte

Vous ne pouvez pas être le thérapeute de votre enfant. Cependant, l'aspect comportemental et donc « éducatif » vous concerne.

➤ Attention aux interprétations « psychologisantes »

Certaines compréhensions psychologiques peuvent n'être que des interprétations maladroites et provoquent chez nous de nombreuses croyances éducatives : l'enfant doit apprendre à son rythme, il faut lui éviter les frustrations de l'apprentissage pour éviter les blocages, l'enjeu est avant tout son épanouissement personnel. Bien souvent, nous n'hésitons pas à remettre en cause le système scolaire au grand « plaisir » de l'enfant ou de l'« apprenant » disculpé.

Soyons sincère, je n'y voyais pas trop clair lorsque mon fils aîné « bloquait » à l'école dès l'apprentissage de la lecture. Pas question d'écouter les conseils de l'institutrice : il allait rattraper, selon moi, ce mauvais départ dès le CE1, le redoublement n'allait qu'amplifier les blocages. Et d'année en année, nous « forcions le passage », notre fils, lui, perdait un peu plus de connaissances et de motivation dans chaque classe… jusqu'à la 5e où le retard accumulé était trop important. C'était il y a vingt ans… en tant que parents, nous étions passés par toutes les étapes : la remise en question du système scolaire, le doute quant aux compétences des enseignants, des tentatives éducatives pour gratifier ou sanctionner et surtout l'hypothèse « psy » salvatrice qui s'était petit à petit imposée puisque « rien ne marchait ». Les lectures, nos chères études, les rencontres, les professionnels et surtout nos « croyances » ! Que d'années passées à comprendre son malaise *via* notre vie de couple ou les problématiques sous-jacentes de notre fils. Toutes ces hypothèses aboutirent à un arrêt précoce de la scolarité en fin de

4e… nous n'avions pas compris « sa » démotivation. Après l'obtention d'un CAP de serveur en restauration et tout un parcours du combattant, il ouvrait récemment en cogérance un bar de nuit dans la rue principale d'une de nos stations balnéaires les plus renommées. Parcours d'un fils sans doute « pathologique » !

FAIRE FACE À LA DIFFICULTÉ SCOLAIRE

J'évite le « réflexe psy » dans un premier temps

— J'observe les comportements, les attitudes : comment s'y prend-il ? À quel moment se décourage-t-il ? Que dit-il ?…

— J'analyse avant d'interpréter : j'ai peut-être lu ceci mais je vois cela…, mes croyances, mes « parce que » doivent se frotter à la réalité de mon enfant…

— J'évite les éventuels « diagnostics » : ce n'est pas parce qu'il se décourage et qu'il pleure qu'il est dépressif…

Je tente une réponse éducative avant le recours aux professionnels

— Comment apprend-il ? Il va trop vite, il ne saisit que des bribes d'informations : je vais l'aider à mieux évaluer les données essentielles en lui faisant comparer les mots clés.

— Quelles attitudes parentales ? Ce qui marche, ce qui ne marche pas : j'ai remarqué qu'il était plus assidu en classe quand on se rapproche des fêtes de fin d'année.

Chapitre 3

Dédramatiser

Votre enfant *doit-il* être performant ?

Certes la pression sociale existe, la « réussite » professionnelle l'emporte sur les valeurs plus traditionnelles (altruisme, quête de soi, etc.) qui se trouvent le plus souvent mises à l'écart : seuls comptent la performance et le futur statut social. Évoquer la personnalité propre du sujet, son originalité, une spécificité en parfaite harmonie avec l'autre relève d'idées taxées de « rétrogrades », voire « soixante-huitardes », « woodstockiennes ». De nombreux parents vivent dans l'angoisse permanente de la réussite scolaire puisque c'est le tremplin de l'avenir professionnel et bien sûr de l'épanouissement personnel. Il n'est pas question de nier l'importance d'un bon cursus scolaire au regard des difficultés d'emploi. Cependant, encore, beaucoup d'affirmations ne sont pas corroborées par la réalité. Certains sujets réussissent *via* les diplômes, d'autres par un talent spécifique, d'autres par vocation, d'autres par hasard.

Avec le chômage…

ACTE I, scène I

Aurélien, élève de CM2, a bientôt 10 ans ; pas de difficulté scolaire majeure, et pourtant…

La mère : *Vous savez, il ne se rend pas compte ; il faut qu'il pense à l'avenir dès maintenant !*

Le thérapeute : *L'entrée en 6e est déjà un défi proche…*

La mère : *Il a commencé l'anglais très tôt, ce sera indispensable pour l'Europe…*

Le thérapeute : *À cet âge, les enfants sont encore dans des « rêves » professionnels, ils ont tout le temps de changer d'avis…*

La mère : *Je le vois bien autour de moi, il faut qu'il mûrisse… cela va très vite… l'avenir se prépare maintenant…*

Le thérapeute : *Les résultats scolaires sont bons, tout semble aller pour le mieux…*

La mère : *Il est encore trop immature… rien ne l'intéresse en particulier à l'école… il ne semble pas se rendre compte… c'est pourtant pas les exemples qui manquent… avec le chômage actuel…*

Rentrer dans le rang ?

Notre enfant doit-il se conformer à tout prix aux normes et aux attentes de cette entrée dans le XXIe siècle ? L'essentiel ne serait-il pas un bon équilibre entre le potentiel mental (l'opératoire) et la personnalité du sujet (l'affectif, le conatif) ? Combien de fois avons-nous rencontré, dans le cadre d'opérations de recrutement une forte inadéquation avec tel ou tel poste parce que tel sujet avait une intelligence « émotionnelle » (interaction entre le potentiel mental et le tempérament) en complète dysharmonie ? Ainsi, une personne affirme ses qualités de commercial avec des qualifications à l'appui, mais ses traits de caractère révèlent un profil très introverti, inadapté à ce type de fonctions. Telle autre nous assure d'une autorité pour manager du personnel mais avec un profil non conflictuel ou passif.

Si cet ouvrage est utilisé pour rendre matheux le non-matheux, extraverti le tempérament introverti, conflictuel l'altruiste, vous faites fausse route. Il est vrai que, fondamentalement, tout individu est « modifiable », et l'expérience d'une nouvelle médiation révèle bien souvent des talents potentiels insoupçonnés. Mais, au départ, vous devez connaître votre enfant dans sa spécificité pour ensuite, et pourquoi pas avec l'aide de nos hypothèses de travail, épanouir, développer, accompagner ses caractéristiques, ses talents et ses compétences propres. En tout état de cause, jamais nous ne participerons à cette philosophie ambiante de la stimulation à tout va de potentiels vers la norme, qu'elle soit parentale ou sociale. S'accommoder au réel, certes, mais en harmonie avec la réalité du sujet. Qu'un enfant plus manuel que cérébral soit poussé vers des études plus « intellectuelles » est une aberration, mais qu'il n'arrive pas à développer ses talents dans une formation technique est aussi une sottise.

« J'aimerais bien qu'il soit… »

ACTE I, scène II

Le thérapeute : *Il y a une reprise économique, votre enfant ne vivra peut-être pas ce qu'a vécu notre génération…*

La mère : *Si seulement il savait ce qu'il veut faire plus tard... chez nous, les hommes ont fait « technique ». Mon mari et moi nous essayons de l'intéresser à tout ce qui est scientifique, mais il ne « mord » pas...*
Le thérapeute : *Ça viendra, c'est encore tôt...*
La mère : *Peut-être, mais, pour être ingénieur, il aurait fallu qu'il saute une classe... mais il va à son allure...*
Le thérapeute : *À son rythme de développement et d'intérêt...*
La mère : *Une école d'ingénieurs, ça ne se fait pas comme ça... c'est ce que voulait mon mari...*
Aurélien intervient pour la première fois...
Aurélien : *Moi, j'aimerais faire des jeux vidéo plus tard...*
La mère : *Vous voyez, il ne pense qu'à jouer... j'aimerais qu'il soit ingénieur, qu'il ait de l'ambition ; il paraît que vous avez des méthodes pour que les élèves soient meilleurs en classe...*
Le thérapeute : ...

Mon but, notre but commun, par cet ouvrage, est d'aider l'enfant pour qu'il acquière de nouvelles compétences – qu'il faille les actualiser ou qu'elles soient totalement insoupçonnées –, mais cela, dans la limite de la *réalité de l'enfant*. Je me suis toujours efforcé de confronter les irrationalités parentales lorsqu'il s'agit d'envisager l'avenir de leurs enfants. Avouons-le, cela ne m'était guère facile de voir mon aîné quitter le collège après la 4e. J'étais encore dans des études et il entamait à 15 ans un préapprentissage comme serveur ! Pour les autres parents, oui ! mais chez soi... ce sentiment d'échec... L'avenir allait me donner tort, mon fils allait actualiser dans la restauration tout ce qu'il n'avait pu épanouir dans le cadre traditionnel de l'« enseignement général » : son humour, sa sociabilité, sa générosité, sa tonicité, son goût de l'entreprise, la prise de risques et j'en oublie… s'épanouissaient enfin, quel échec !

S'il s'agit de rendre extraverti un enfant introverti, non seulement il n'y aura pas de miracles, mais, en outre, cela irait à l'encontre de mon approche du respect de chaque enfant et de ses richesses propres.

UN CHANGEMENT DE L'ENFANT POUR L'ENFANT

Le but de cet ouvrage est de tenter de rendre :
— un enfant « introverti » plus affirmé, en moindre souffrance dans son relationnel
— un enfant « désorganisé » plus méthodique
— un intolérant aux frustrations plus acceptant
— un tempérament anxieux moins inquiet.

Évaluer nos « irrationalités » parentales

Il doit faire le plus d'études possible…

Les capacités de l'enfant ne sont plus prises en compte : est-il « technique », « manuel », « cérébral », « social », « leader », « artiste » ? L'enfant entend très tôt ce leitmotiv parental : « Tu dois être un bon élève pour aller le plus loin possible dans tes études », « avec de longues études, tu auras un bon métier ». L'objectif scolaire n'est plus d'apprendre, de se socialiser, de se réaliser, il est uniquement un tremplin pour « aller loin ». L'enfant voit désormais le lien réalité-scolarité s'estomper à court terme au profit du très long terme. Quoi de plus motivant ?

Il faut éviter les formations techniques à court terme

Si l'enfant manifeste très tôt des compétences manuelles ou techniques, il ne sera guère valorisé. Tout discours parental renforce les métiers nobles et lucratifs, les professions médicales, libérales, les fonctions prestigieuses sans parler, chez certains, de l'évocation précoce des grandes écoles… Quand l'on voit le succès sur le marché de l'emploi des diplômes techniques style BTS ou DUT ! !

Jean-Charles, en échec scolaire en seconde, me raconte sa scolarité

« Très tôt, j'aimais le sport. Au primaire, j'étais passionné par les efforts physiques, les petites compétitions de classe. La seule matière qui me motivait, c'étaient les leçons de sciences de l'instituteur. Pareil en 6e, les cours de technologie me plaisaient… chez moi, je n'aimais que bricoler mon vélo, réparer des trucs… concret quoi ! Mais mes parents ont toujours voulu que ça marche en maths et dans les autres matières… ils disaient que je devais dès la 6e préparer ma seconde générale pour aller en S comme mon frère… »

Le bac S c'est l'avenir !

Cette irrationalité mérite un commentaire plus long : combien de parents avons-nous rencontrés qui travaillaient dans ce mythe du bac S, stimulant leur enfant vers des matières scientifiques alors qu'il était pur « littéraire », s'opposant aux enseignants quand ceux-ci conseillaient sagement une nouvelle orientation ? On peut véritablement parler de « syndrome du bac S », tant le comportement de parents s'inscrit dans une véritable pathologie : pas question de voir la réalité du potentiel de leur enfant, mais, en revanche, une volonté de stimulation permanente *via* des cours particuliers. Cela est sans doute choquant mais un non-matheux demeurera la plupart du temps un non-matheux. L'esprit scientifique n'est pas l'apanage de tous, de même la sensibilité littéraire ou le respect d'autrui.

Avoir un baccalauréat S est synonyme de fort potentiel...

Il existe, Dieu merci, des potentiels de très haut niveau dans des filières courtes, spécialisées, techniques ou non. Les littéraires et les techniques ne seront jamais de simples rebuts des matières dites « nobles ». En revanche, ce que nous voyons de plus en plus, ce sont des élèves qui peinent dans cette fameuse section S parce que trop impulsifs pour devenir scientifiques, trop sensibles pour être cartésiens, trop complexes pour accepter les logiques. Que vaut-il mieux sur un futur CV ? Un bac S arraché avec difficultés ou mention passable ou un bac technique avec mention TB ? L'employeur ou le futur recruteur font vite la différence. De même, ces lauréats plus faibles du bac S piétinent ensuite en université après de vaines tentatives vers des filières soi-disant de leur niveau.

Les trois S ou l'historique d'une fausse stimulation

Nous n'en déduirons aucune valeur statistique, mais la rencontre, la même année, de ces trois élèves de 1re nous a beaucoup questionnés sur la réalité « potentiel-orientation », quand depuis des années, le milieu familial n'a que l'objectif du « passage en S » (milieu social très favorisé pour les trois). Tous avaient le même choix au terme du troisième trimestre : le redoublement de leur classe de 1re ou passer en terminale S de justesse, avec l'assurance d'un échec ou au maximum d'une « mention passable », ou reprendre une nouvelle orientation pour le baccalauréat.

« Tout le cycle primaire était facile, ça "cartonnait !" »

« Tout gamin, on nous disait qu'on ferait "S" comme… »

« Je préférais les maths, ça donnait moins de boulot. »

« Les maths, c'était comme un jeu ! »

« Jusqu'en fin de 3e, ça tenait plus ou moins bien… »

« Les langues, le français, ça m'a toujours déplu… »

« Les parents ne disaient rien, les résultats passaient bien. »

« En 6e, j'avais des bonnes notes mais, en fait, je ne fichais rien ! »

« La seconde, c'était cata… »

« Je ne comprends pas, maintenant les résultats s'effondrent. »

« Pourtant, je comprends les cours. »

« Je ne vais pas passer ma jeunesse à bosser comme les têtes... »
Et pour tous, cette constance dans le cursus scolaire : dès le primaire, ils ont appris qu'il n'était pas nécessaire de travailler chez soi, n'ont acquis aucune méthodologie de travail, ne savent pas gérer leur temps pour organiser les devoirs, sont tous habitués à comprendre et réagir vite au détriment d'une bonne intégration des données ou des informations. La réalité scolaire n'a jamais répondu à un quelconque objectif à court ou moyen terme. Ils ont été libres de tout contrôle parental réel jusqu'aux premiers dysfonctionnements des classes de lycée.

L'espoir du nouveau millénaire ?

Nous, parents, tentons pour la plupart de répondre à l'angoisse de l'avenir. Les quelque vingt-cinq dernières années étaient économiquement traumatisantes. Mis à part quelques soubresauts de croissance, nous n'avons connu que la dégradation constante de l'emploi et cette nouvelle loi du marché : subir l'offre et ne pas choisir selon ses objectifs ou aspirations. Quelques-uns étaient sans doute privilégiés, mais jamais une époque n'a tant entamé notre confiance en l'avenir professionnel. Alors pourquoi ne pas stimuler un enfant au travers de nos propres rêves si ceux-ci correspondent aux talents de l'enfant : combien de sportifs ou chercheurs de haut niveau ont connu constamment cette stimulation parentale ? N'ont-ils donc pas développé un sentiment d'identité propre (puisqu'ils réalisaient selon les thèses classiques une fantasmatique parentale) ? Toutes ces personnes n'apparaissent aucunement névrotiques si, là encore, la règle fondamentale de *l'harmonie éducation-potentiel de l'enfant est* respectée. Mais faisons attention à nos projections parentales, il n'est pas question de privilégier certains objectifs pour pallier nos carences.

Il sera donc essentiel, à travers les propositions d'aide que nous évoquerons, de ne pas gommer le tempérament propre de l'enfant pour qu'il devienne un quelconque zombie « performant », mais de chercher à mieux le connaître pour harmoniser vos interventions et son potentiel.

Votre enfant est unique

Mais comment reconnaître sa spécificité et même, oserions-nous ajouter, l'originalité de ses dysfonctionnements ? Vous l'avez compris, il deviendra primordial de bien évaluer les déficits et difficultés d'apprentissage ou de motivation de votre enfant. Pour cela, nous le répétons, il est important de démystifier une autre irrationalité parentale : le QI de l'enfant.

➤ Le QI de votre enfant, un test à interpréter avec réserve

Ce n'est pas le résultat figé, statistique, d'un test de QI qui importe : le « comment » il s'y prend nous donne les précieuses informations. Il ne s'agit pas d'être un professionnel de l'évaluation dynamique du potentiel d'apprentissage (le *Learning Potential Assessment Device* de Feuerstein), mais de toujours être vigilant sur : *comment ça fonctionne*. À ce titre, le chapitre sur l'impulsivité cognitive (intelligence trop réactive actualisée sans conflit et intégration de toutes les données, voir page 153) vous aidera à faire face à l'un des comportements les plus responsables des difficultés d'apprentissage.

➤ Savoir observer le « comment ça fonctionne »

Il est souvent nécessaire d'évaluer un tempérament en interaction avec l'apprentissage scolaire : comment l'enfant se comporte-t-il devant telle ou telle matière ? Comment fonctionne-t-il avec tel ou tel enseignant ? Nous sommes nombreux à avoir entendu parler, en tant que parents, des modèles généraux de développement de l'enfant, qu'ils soient cognitifs (potentiel mental) ou affectifs (« stades » d'évolution de personnalité). Les modèles de célèbres auteurs comme Piaget ou Freud ont bien sûr une importance capitale pour appréhender un modèle, une « norme », mais ils se doivent d'être compris et interprétés au regard de la spécificité du sujet.

Ce qui nous importe est non pas le « à quel stade est-il ? » (cognitif ou affectif), mais comment fonctionne-t-il avec son potentiel, son tempérament en interaction avec l'environnement ? Vous aussi, parents, deviendrez des adeptes de la « psychologie différenciée », c'est-à-dire des personnes désormais capables non pas de situer votre enfant par rapport à ce qu'il devrait faire ou être, mais de comprendre sa « non-performance scolaire » au regard de son fonctionnement.

COMPRENDRE NOS ATTITUDES EN TANT QUE PARENTS	
Quand nous pensons que ses mauvaises notes en maths traduisent une incompétence en la matière	nous évaluons
Quand nous comprenons que son désintérêt pour les maths signe une allergie à ce qui est scientifique	nous interprétons
Quand nous proposons un rattrapage en maths au vu des résultats	nous concluons
Quand nous regardons sa façon d'apprendre une leçon et que nous : — vérifions s'il mémorise l'essentiel — lui demandons ce qu'il n'a pas compris — exigeons de nouveaux exercices d'application — l'incitons à mieux intégrer les données « pertinentes » d'un cours ou d'un problème	nous observons
Quand nous pensons que l'enseignement ne lui est pas adapté	nous évaluons
Quand nous croyons qu'il y a un problème « ailleurs »	nous interprétons
Quand nous l'envoyons chez un spécialiste dès le moindre problème	nous concluons

Quand nous rencontrons les enseignants et que nous :	nous observons
— regardons l'ensemble de ses comportements à la maison	
— demandons à d'autres comment ils le voient	
— faisons attention à sa façon de se mettre au travail	
— relevons ses remarques devant une difficulté	
— prenons en compte son « quotidien », ses collaborations ou ses refus, ses pôles d'intérêt, ses évitements	

Pour nous parents, ce qui est sans doute le plus difficile, c'est de répondre à cette question : quels sont ses centres d'intérêt ? Nous pouvons observer beaucoup de choses chez notre enfant, mais bien repérer ses goûts, ses désirs, voire ses rêves, est délicat tant il semble avoir des pôles d'attraction tous azimuts. Le chapitre suivant vous aidera à mieux comprendre ses centres d'intérêt, sans vouloir les figer dans le définitif.

Chapitre 4

Mieux connaître votre enfant

Un enfant adulte ?

Ce chapitre n'est pas en contradiction avec le précédent. Il veut vous aider pour une *future* orientation de votre enfant. Qu'il soit en difficulté scolaire ou même bon élève, la question de l'avenir se posera rapidement, parfois dès la fin de la 5e, si l'échec scolaire n'a pas été réglé.

Entre décider d'un futur domaine professionnel dès le primaire puis oublier le problème jusqu'à la classe de seconde, et réfléchir juste avant l'échéance fatidique, il me semble préférable d'opter pour une meilleure connaissance de votre enfant dès maintenant, avec toutes les réserves émises précédemment. Il s'agit de faire un point et non de figer l'avenir.

Bien souvent, nous sommes très hésitants, en tant que parents, lorsqu'il faut parler des « goûts » de notre enfant, d'une éventuelle orientation professionnelle future. La société d'abondance a tellement favorisé, pour les plus nantis, la possibilité d'élargir les activités de loisirs qu'il nous arrive de ne plus connaître les réels centres d'intérêt de notre enfant. Comment s'y retrouver dans sa motivation réelle quand il est passé en quelques années d'un sport collectif au judo, de l'initiation à la peinture à un club d'informatique, du cours de danse à la poterie, de tel instrument de musique à tel autre ?...

« Qui c'est celui-là ? »

Le thérapeute : *Ses activités préférées ?...*

Le père : *Cette année, c'est tout pour le basket... mais l'an passé il aimait l'escrime, il a voulu arrêter* (Luc est en classe de CM1).

Le thérapeute : *Dans tout ce qu'il a fait en sport, où l'avez-vous trouvé le plus motivé et surtout le plus compétent ?*

Le père : *Il était bon un peu partout... peut-être meilleur en sport collectif...*

La mère : *Je ne crois pas, souviens-toi des résultats dans les petites compétitions d'escrime...*

Le thérapeute : *Et à la maison... ses occupations ? Il semble apprécier quelle activité ? Avez-vous repéré une sorte de « don » pour certaines choses ?*

La mère (forte de ses dernières conclusions avec un ton de « moi je le connais mon fils ») *: Il est très adroit, il aime faire des maquettes, des choses précises...*

Le père (tente un avis) : *Il fait trop vite les maquettes, c'est bâclé... je ne pense pas qu'il soit fait pour des activités manuelles... J'ai essayé plusieurs fois de le motiver pour des petites réparations, il n'a pas la main.*

Et ainsi de suite... comment s'y retrouver dans les activités d'un enfant qui est en âge de jouer, de goûter, de rechercher, de tester, de changer et non à un « stade de préorientation » ?

Votre enfant est-il doué ?

Les parents jouent un rôle important dans l'évaluation des potentiels et talents de leur enfant. Ils peuvent l'aider à mieux se connaître, à mieux déterminer la différence entre un goût pour telle ou telle activité et une véritable orientation pour le futur professionnel. Outre le choix personnel de l'enfant qui peut être attiré pour une activité, par plaisir, par envie de ressembler à un modèle ou par un rêve intime, il est souhaitable, une fois de plus, de favoriser l'interaction entre le désir de l'enfant et la « vision » parentale. Le souci premier est de rééquilibrer le principe de réalité avec un principe de plaisir dominant chez l'enfant sans interdire d'envisager des projets, des objectifs hauts ou forts (voir à ce titre le chapitre sur la fixation d'objectifs, page 107).

En fait, il est souvent primordial d'évoquer les *intérêts* de l'enfant : l'intérêt signe bien l'attirance du sujet pour telle idée, activité ou réalisation. Il est judicieux d'évaluer ses préférences pour certaines activités scolaires ou extrascolaires et *a contrario* ses « aversions » pour telles autres. Les intérêts sont influencés par de nombreux facteurs : les modèles sociaux, parentaux, les talents naturels, les contextes d'expérimentation et d'apprentissage. Ainsi, mon enfant préfère-t-il :

— être seul ou avec d'autres ?
— faire marcher sa tête ou travailler avec ses mains ?
— les activités extérieures ou rester à la maison ?
— ranger, ordonner, collectionner ou créer, initier ?

Sans être restrictif, nous tenterons dans ce chapitre d'évoquer quelques modèles types quant aux intérêts des enfants.

La classification de Holland nous a été fort utile pour ce chapitre. Il nous propose quatre postulats :

• **Postulat n° 1 :** Dans nos cultures occidentales, les enfants, les adolescents et les adultes peuvent être « classifiés » en *six types :* Réaliste, Chercheur, Artistique, Social, Entreprenant, Conventionnel. Aucun de ces types n'est bien entendu « unique », mais il existe des tendances marquées selon les individus.

• **Postulat n° 2 :** Ces six types se retrouvent dans les principales occupations professionnelles ou de loisirs, sans pour autant être exclusifs les uns des autres.

• **Postulat n° 3 :** La plupart des enfants vont préférer des matières scolaires, choisir des activités extrascolaires en fonction de ces six intérêts.

• **Postulat n° 4 :** La plupart des gens se motivent quand il existe une équation entre leurs centres d'intérêt, leurs études scolaires, leur cursus professionnel et leurs loisirs.

Tenir compte de ces quatre postulats permet de mieux évaluer l'équation entre le centre d'intérêt de l'enfant et son cursus scolaire, sa future profession et ses loisirs (et non pas le centre d'intérêt des parents !). Nous pouvons dès lors parler de *congruence.* Cette « congruence » entre centres d'intérêt et activités doit favoriser un meilleur choix pour intégrer un parcours scolaire ou de loisir mais, attention, le principe de congruence, s'il est important *n'est pas le seul facteur de réussite*. Il faut toujours évaluer le potentiel ou les aptitudes requis pour telle ou telle activité, les capacités pour acquérir les compétences ou les connaissances exigées, les possibilités d'engagement financier ou autres contraintes matérielles.

Les centres d'intérêt

Le centre d'intérêt « réaliste »

Les enfants de ce « type » sont très adroits de leurs mains, « manuels », ils aiment les outils, bricolent, inventent des machines. Les parents ont pu remarquer les heures passées sur un jeu de construction de type Lego ou Meccano ou les longues réparations de réveil, appareil hi-fi, bicyclette, etc.

Ces enfants apprécient particulièrement être à l'extérieur, faire du camping, du bateau, du jardinage, des promenades en forêt. Ils aiment être pratiques, ont du bon sens, quêtent les récompenses financières, et veulent des résultats concrets. Beaucoup développeront plus tard des compétences techniques et mécaniques, mais peuvent aussi s'épanouir dans des carrières sociales.

Le centre d'intérêt « chercheur »

Ces enfants aiment poser des questions, enquêter, lisent des livres de sciences, travaillent avec des chiffres, dessinent des cartes, des graphiques, savent gérer

LES « RÉALISTES »

Le « réaliste » aime :
— construire
— réparer

Matières scolaires favorites dès le primaire :
mathématiques, histoire-géographie, dessin et sciences naturelles, sciences, technologie dès la 6e.

Futur champ professionnel (cette liste est bien évidemment non exhaustive, elle ne se veut que simple indicateur) :
ingénieur, production agricole, biotechnologie, environnement, électrotechnique, maintenance des métiers de production industrielle, informatique, mécanique auto, entretien aéronautique, électricien.

LES « CHERCHEURS »

Le « chercheur » aime :
— découvrir
— expérimenter
— inventer
— penser

Matières scolaires favorites dès le primaire :
mathématiques, sciences, travail manuel, technologie dès la 6e.

Futur champ professionnel :
médecine, recherche médicale, biologie, épidémiologie, économie, psychiatrie, aéronautique, archéologie, sciences physiques, horticulture, informatique, bureau d'études et de développement dans le monde industriel.

leur argent. Cette curiosité peut se manifester aussi bien dans le domaine culturel et historique que dans le domaine biologique ou physique. Leur tempérament est plutôt curieux, indépendant, introverti, rationnel. Ils sont plus attirés par la connaissance, les apprentissages que par le pouvoir ou l'argent.

Le centre d'intérêt « artistique »

Ce sont des enfants qui aiment écrire des poèmes, des articles de journaux. S'ils n'ont pas un don pour l'écriture, ils préfèrent la peinture, le dessin, la sculpture, ou visiter des musées. Ils sont souvent non conformistes et ont du mal à respecter les exigences quotidiennes (mais ils ne s'y opposent pas systématiquement comme le font les « intolérants aux frustrations » et leurs parents continuent d'exiger d'eux malgré les possibles conflits).

Le tempérament est souvent « émotif », impulsif, la préférence est pour l'art et non la rigueur, l'attrait pour l'argent est minime.

LES « ARTISTIQUES »

Le type « artistique » aime :
— créer
— composer
— exprimer
— imaginer

Matières scolaires favorites :
français, langues étrangères (si c'est possible dès les classes primaires !), éducation civique, dessin et musique, anglais et « arts plastiques » dès la 6e.

Futur champ professionnel :
architecture, études cinématographiques, littérature comparée, enseignant d'art, enseignant de langues étrangères, musicien, psychologie sociale, designer, dessin, scénariste, relations humaines, métiers de l'audiovisuel.

Le centre d'intérêt « social »

Ces enfants sont à l'aise dans les rencontres, s'impliquent dans des groupes et se font facilement de nouveaux amis. Au fur et à mesure qu'ils grandissent, ils deviennent attirés par l'enseignement, l'éducation spécialisée, l'aide d'autrui en général. Leurs caractéristiques : la patience, la compréhension, la chaleur, la générosité, la coopération. Ils sont plus doués pour le relationnel que pour les activités manuelles ou techniques.

LES « SOCIAUX »

Le type « social » aime :
— aider
— soigner
— enseigner

Matières scolaires favorites :
français, histoire, éducation civique.

Futur champ professionnel :
psychologie clinique, médecine, criminologie, diététique, orthophoniste, enseignement, infirmière et fonctions paramédicales, toutes activités de communication, y compris les métiers de « contact » comme restaurateurs, serveurs.

Le centre d'intérêt « entreprenant »

Ce genre d'enfants pourrait vendre des réfrigérateurs aux Esquimaux ! Ils ont le talent de savoir persuader, prennent des risques, sont ambitieux, énergiques, impulsifs, optimistes et loquaces. L'argent compte pour eux et ils seront amateurs de consommation de luxe. Ils n'apprécient guère les études, surtout si elles sont complexes ou intellectuelles.

LES « ENTREPRENANTS »

L'« entreprenant » aime :
— persuader
— promouvoir
— risquer
— vendre

Matières scolaires favorites :
mathématiques, biologie, histoire et sciences naturelles.

Futur champ professionnel :
chef d'entreprise, management industriel, sciences de l'information, enseignant de droit, marine marchande, journalisme, tourisme, ingénieur bâtiment, professions commerciales.

Le centre d'intérêt « conventionnel »

Ces enfants sont épanouis lorsqu'ils vivent dans un cadre précis : ils apprécient les « routines », les exigences quotidiennes. Ils sont excellents quand il faut voir les « détails » organiser, agir méthodiquement. Ils aiment préparer les repas, les tâches type « bureau », utiliser le traitement de texte d'un PC, se servir de photocopieuses. Leur tempérament est plutôt « conformiste », consciencieux, fiable, obéissant, pragmatique, tenace. Ils peuvent rechercher le pouvoir, les situations lucratives. Peu doués pour les disciplines artistiques, ils préfèrent les compétences mathématiques.

LES « CONVENTIONNELS »

Le « conventionnel » aime :
— administrer
— organiser
— planifier
— faire des procédures

Matières scolaires favorites :
informatique (quand c'est possible), mathématiques, histoire, sciences.

Futur champ professionnel :
informaticien, comptable, fonction publique, les carrières militaires, serveur, réceptionniste, etc.

Ce ne sont que des pistes !

Bien sûr, il n'est pas question de cloisonner tel ou tel enfant dans tel ou tel type ou centre d'intérêt. Cependant, il est souhaitable de réfléchir et d'évaluer réellement les domaines d'attraction, les compétences actualisées. Même si tel centre d'intérêt peut se mixer avec tel autre, il est indéniable qu'il pourrait y avoir dysfonctionnement s'il est trop éloigné de la réalité scolaire ou des loisirs existants. Stimuler un enfant au tempérament « anxieux » à se frotter aux autres *via* les compétitions sportives, à prendre des risques au quotidien est plus efficace que de le protéger au regard de ses incapacités. Mais tenter de nier le potentiel de départ et contraindre l'enfant à oublier ses réelles motivations peuvent engendrer de nombreux troubles de la personnalité et du comportement et *a fortiori* des problèmes d'adaptation scolaire et de démotivation.

Connaître votre enfant pour favoriser un développement harmonieux

Plus les centres d'intérêt de votre enfant sont proches des activités de loisirs, des apprentissages proposés, des motivations pour tel ou tel métier, plus il y a ce qu'on appelle « congruence ». En revanche, plus les réalisations inscrites appartiennent à des centres d'intérêt éloignés, moins il y a congruence et plus grand est le risque de dysharmonie et de démotivation. Tous les métiers ne sont pas répertoriés. Les professions et les matières scolaires citées le sont à titre d'exemples. Une discussion autour de ces thèmes avec vos enfants nous semble prometteuse. De nombreux enfants tendent à confondre plaisir et compétence, imitation et réel centre d'intérêt. Ce petit travail d'échange peut initier de nouvelles perspectives et confronter le parfois trop démotivant « je ne sais pas trop ce que j'aimerais faire... », même si, nous le répétons, cette « congruence » entre son potentiel réel et ses futures options n'est pas encore une étape essentielle dans son développement.

Des exemples de non-congruence

Prenons un enfant plutôt introverti dont les parents ont bien cerné les principaux centres d'intérêt : il est curieux, pose de nombreuses questions dès qu'il en a l'occasion, se passionne pour les matières scientifiques, lit des revues spécialisées, est plus tenté par les documentaires que par les films à la télé. Le centre d'intérêt est globalement celui d'un chercheur. S'il ne pratique que des activités sportives très « sociales » (stimulées raisonnablement par les parents pour qu'il « ne s'enferme pas ») sans jamais épanouir sa tendance à l'isolement, la réflexion, il peut développer un contre-investissement de tout ce qui est « social », et une véritable inhibition. Cela se révélera parfois dès le plus jeune âge.

Artiste ou Sciences-Po ?

Marc, 21 ans, élève de Sciences politiques, évoque ce constant décalage entre ce qu'il aime et ce qu'il fait depuis son enfance... « Je n'aimais que dessiner, imaginer des personnages... je passais des heures à inventer des histoires avec les soldats miniatures de mon frère... à l'école, j'aimais mieux la biologie, les sciences... Mes parents m'ont toujours poussé pour que j'obtienne de très bons résultats scolaires... Ils disaient que j'étais bon, que je devais être ambitieux dans mes projets... Ils ne comprenaient pas mon besoin d'isolement et m'inscrivaient chaque année à de nouvelles activités sportives de groupe... Cela ne m'a jamais rendu plus à l'aise, au contraire... ils m'évitaient tout loisir style beaux-arts... ils me qualifiaient d'assez rêveur comme ça... J'ai même dû consulter un psychologue comme vous en 6e parce que j'étais de plus en plus renfermé et que cette année-là, ça n'allait pas... Et maintenant, ils sont heureux de me voir réussir dans une "grande école", mais ça n'a rien à voir avec moi... La plupart des élèves sont de tempérament totalement différent, ils aspirent à des métiers de communication, de management du personnel, des options commercia-

les ou une carrière politique !... Mon rêve est toujours le même : créer une bande dessinée... ou un jeu CD Rom, l'informatique m'aurait passionné... »
Nous n'évoquons pas les symptômes pathologiques actuels de Marc qui entame une psychothérapie pour, dit-il, « mieux me connaître et mieux m'adapter au réel ».

Pour travailler cette « congruence », vous devez vous poser deux questions :

• *Quel est le centre d'intérêt de mon enfant ?* (utiliser les définitions proposées dans ce chapitre).

• *Dans quel centre d'intérêt peut-on classer* ses activités habituelles, ses matières scolaires favorites, ses loisirs ? Il n'y a congruence que lorsque les activités (sociales, sportives, scolaires) de l'enfant sont proches de son centre d'intérêt.

EN RÉSUMÉ

Les parents se doivent de mieux connaître les intérêts de leur enfant pour qu'il y ait réellement actualisation des compétences. Le concept de *congruence* – c'est-à-dire d'harmonie entre les centres d'intérêt et les activités d'apprentissage ou de loisir – n'est pas à prendre à la légère, il est la véritable pierre angulaire de l'organisation de la personnalité. Nous sommes bien loin de l'étude de la fantasmatique inconsciente de l'enfant. La réalité *via* le vécu parental et éducatif nous apparaît une fois de plus incontournable. Mais mieux connaître les forces (et faiblesses) de son enfant ne suffit pas toujours. La démotivation scolaire est plus complexe, le chapitre suivant s'en veut l'illustration.

Le petit jeu qui suit permet de répertorier avec votre enfant toutes ses activités, celles qu'il préfère (ou a préféré auparavant), et d'essayer ensuite de les ranger en « centres d'intérêt ».

JOUEZ AU « JE TE CONNAIS » AVEC VOTRE ENFANT !	
Un exemple : Jean-Baptiste, un « social » ?	
Ses matières scolaires préférées : français, histoire, éducation civique.	*Centre d'intérêt :* social.
Ses loisirs : pratique un sport collectif depuis plusieurs années.	*Centre d'intérêt :* social.
Au quotidien : s'occupe beaucoup de ses frères et sœurs, est très actif dans les réunions de famille « altruiste » en général.	*Centre d'intérêt :* social.
À vous de jouer !...	
Votre enfant est-il « réaliste, chercheur, artistique, social, entreprenant, conventionnel » ?	
Repérez ses matières scolaires préférées... français, mathématiques, anglais éveil/histoire-géo, éveil/biologie éveil/dessin, musique éducation civique, sports	*Centre d'intérêt :*
Ses loisirs favoris... jeux, sports, musique, dessin, bricolage, jardin...	*Centre d'intérêt :*
Son quotidien... Souvent seul ou recherche toujours la compagnie ? Attitude avec la fratrie ? Ses habitudes ? Ses lectures ? Ses émissions TV ? Ses motivations ? Ses refus ?	*Centre d'intérêt :*

Chapitre 5

Ce que la démotivation de votre enfant a de particulier

Savoir observer

Pour cent enfants, nous pourrions répertorier cent styles possibles de démotivation. Ne tentez pas de vouloir absolument repérer « le » style d'apprentissage, « la » démotivation de votre enfant et de l'étiqueter ainsi au « type d'apprenant ». Votre enfant est unique, et nous devons garder inlassablement en mémoire cette première et indispensable étape : comment en arrive-t-il à se démotiver, « lui », comment peut-on *appréhender la qualité de sa démotivation ?* Pour ce faire, vous devez devenir les observateurs pointus des comportements et dysfonctionnements de votre enfant ; vous saurez évaluer le temps passé au travail, sa façon d'intégrer les données d'un problème, sa compréhension des informations.

Mieux cerner sa spécificité exige une bonne connaissance des schémas cognitifs internes, des « opérateurs silencieux », des « cognitions », c'est-à-dire de ce qu'il se dit dans sa tête, de ses petites voix lorsqu'il apprend, au moment de l'activation de la pensée. En clair : lorsque l'enfant se trouve devant la situation scolaire (devoirs à la maison, écoute en classe ou réalisations), notre première démarche est d'accéder à son monologue intérieur, à ce qu'il pense et se dit dans le contexte immédiat de l'apprentissage. L'Américain Albert Ellis, fondateur des approches cognitives, propose un modèle simple pour mettre au jour des pensées ou monologues intérieurs peu ou prou conscients : le modèle ABC.

LE MODÈLE ABC

À *la croyance « classique » :*

Événement →	**Émotions**
« Papa me gronde pour de mauvaise notes… »	« je me sens nul, incapable de mieux faire… »

(les émotions sont générées par des événements ou « situations activantes »).

se substitue le schéma :

Événement →	**Pensées** →	**Émotions**
A pour situation Activante	B pour *Beliefs*, c'est-à-dire pensées en anglais	C pour Conséquences
« Papa me gronde pour de mauvaises notes… »	« il doit penser qu'il n'est pas fier de moi… »	« je me sens nul… »

(des événements déclenchent des pensées automatiques et ce sont celles-ci qui créent des réponses émotionnelles).

Pourquoi ce modèle ? La plupart du temps, lorsque l'élève bloque devant l'apprentissage ou prend des attitudes d'évitement ou d'opposition, il met en cause la situation scolaire elle-même : l'exercice de français est responsable du blocage, telle donnée du problème de maths est incompréhensible. En fait, lorsque nous entendons ce genre de réflexion, la démotivation l'a déjà emporté, c'est l'ensemble de l'exercice, de la matière ou de l'apprentissage qui est rejeté. Nous l'avons maintes et maintes fois observé, lorsque nous demandons à des élèves « non performants » de nous dire ce qu'ils se racontent dans leur tête juste au moment où ils lisent un énoncé, prennent un livre scolaire ou un cahier de cours : un grand nombre de « croyances », de pensées toutes faites émergent.

« Ça me disait rien !... »

Aurélien, élève de 6e me raconte son « blocage » devant sa liste de verbes irréguliers en anglais.

Aurélien : *Je n'y arrivais vraiment pas... je les regardais... rien ne rentrait...*

Le thérapeute : *Tu te racontais quoi dans ta tête ?...*

Aurélien : *Rien du tout, je rêvais... j'avais envie de jouer... j'ai pris le livre de géo et j'ai regardé les photos...*

Le thérapeute : *Quand tu as pris le livre d'anglais, tu t'es dit quoi ?... Ce que te disait ta « petite voix » ?...*

Aurélien : *Je sais pas... je me disais que « ça ne me disait rien d'apprendre ces trucs... »*

Le thérapeute : *Et quand cela ne te dit rien... quand tu n'aimes pas quelque chose ?...*

Aurélien : *Je ne le fais pas !...*

Aurélien me traduisait le fondement de sa motivation pour apprendre : il devait « avoir envie ». J'étais déjà en présence d'un « blocage » surtout lié à ce que nous appelons « l'intolérance aux frustrations ».

Des pensées automatiques

Ces croyances, attentes, exigences sont de véritables pensées conditionnées parce que sans cesse rabâchées ou ruminées. Leur origine ? Certes, elles peuvent révéler des expériences passées avec leurs dysfonctionnements et leurs échecs, mais elles s'autoalimentent constamment, au fur et à mesure des apprentissages nouveaux. Elles créent de véritables attitudes devant le « scolaire » en général. Le premier travail de l'intervenant est de mettre au jour ces pensées « démotivantes ». Comment exceller en mathématiques si l'enfant commence par se dire immédiatement qu'il est nul en maths ? Nous l'avons vu, l'élève n'aura le droit de prononcer de telles affirmations que lorsqu'il fera le constat d'un dysfonctionnement après avoir évalué sa méthode de travail, son acceptation des contraintes et son degré d'impulsivité. Comment se motiver pour une leçon d'histoire quand la phrase automatique est « ça ne sert à rien !... ». Comment dompter sa mémoire si l'on croit absolument à des chimères comme « quand on a appris, on devrait retenir aussitôt !... ». Comment se motiver enfin de façon générale quand toute la pensée est centrée sur un incontournable « j'aime pas ça ! ».

Évaluez les « croyances »

Pour évaluer ces « croyances » ou « monologues intérieurs », il suffit, dans certaines situations activantes, de demander à votre enfant :

Qu'est-ce que tu te dis ? Que te racontes-tu dans ta tête ?

Quelques situations activantes :

— Quand tu vas dans ta chambre pour faire tes devoirs…

— Devant tel exercice…

— Quand tu lis tel sujet…

— Quand tu obtiens telle note…

LES ABC D'AURÉLIEN… DEPUIS DEUX MOIS EN CLASSE DE 6e		
A *La situation vécue*	B *ce qu'il se dit « automatiquement »*	C *ce qu'il fait*
Apprendre une leçon d'anglais	je retiens pendant les cours de vocabulaire	ne reprend pas ses listes
Lire un texte de français	je n'aime pas lire	« survole » l'histoire
Réviser les maths pour un DS	j'ai tout compris avec le prof	ne fait aucun exercice d'application
Préparer une leçon d'histoire	je sais de quoi ça parle	lit « en diagonale », ne retient pas les informations essentielles

Dans cet exemple, toutes les « petites voix », tous les « monologues intérieurs » d'Aurélien vont dans le même sens : éviter la frustration de l'apprentissage en faisant au plus vite, en refusant tout déplaisir.

Apprendre est une « situation activante »

Ces monologues deviennent rapidement de véritables attitudes psychologiques. Nous avons défini trois grands types d'attitudes :

— **l'attitude anxieuse :** elle se traduit par une quête du parfait, une attente continuelle de la reconnaissance d'autrui, une peur considérable de l'échec ;

— **l'attitude dévalorisante :** elle témoigne d'une généralisation négative des comportements, anticipations erronées, mauvaises attributions des succès ou échecs, dramatisation des événements frustrants, sentiment constant d'autodépréciation ;

— **l'attitude d'intolérance à la frustration :** le besoin d'obtenir un résultat (plaisir !) est immédiat, le refus de tout conflit cognitif, des sentiments de soi grandioses masquent le plus souvent une profonde dévalorisation mais aussi de réels problèmes dits de « comportement ».

Ces attitudes peuvent révéler la résurgence émotionnelle de situations déjà vécues (traumatiques ou non). Nous ne les appréhendons que dans leur actualité, dans le vécu immédiat lié à la situation d'apprentissage. Sur le mode opératoire (apprentissage scolaire par exemple), elles se traduisent par un blocage du potentiel, une non-évaluation objective des données et restimulent des comportements d'impulsivité avec distorsion de l'utilisation du temps de réflexion. Ce temps n'est plus appréhendé pour saisir les données, il est absent par souci d'action immédiate ou « négativisé » par un monologue intérieur inadéquat constant.

Des « pensées démotivantes »

Prenons quelques exemples de cognitions inadéquates selon l'attitude cognitive (le monologue intérieur de l'enfant) devant une situation d'apprentissage nouvelle.

Simon, 9 ans, élève de CM1,
le « je devrais être bon »
ou attitude anxieuse

« Je ne comprends pas, quand j'apprends par cœur, ça ne reste pas... je me trouve un peu lent, je devrais répondre plus vite à la maîtresse. Au calcul mental, j'ai peur car je ne sais pas comme les autres... Quand j'apprends quelque chose de nouveau, je devrais comprendre aussitôt !... J'ai toujours peur d'avoir des mauvaises notes... Mes parents sont gentils, mais j'ai peur qu'ils me grondent... Je tremble souvent pour les exercices en classe, j'ai souvent peur... J'aime bien tout faire bien, même si ça prend du temps... Quand j'ai des mauvais résultats, je sens bien que la maîtresse n'est pas contente... et mes parents... Je sais qu'en calcul ça n'a jamais été bien, ça m'étonnerait que ça change... »

Rémi, 6 ans, élève de CP,
le « j'y arriverai jamais »
ou attitude de dévalorisation

« J'avais du mal à la grande section… la maîtresse me donnait autre chose à faire que les autres… Je voudrais être comme mon copain Luc, il apprend bien… Il me faut plus de temps… À la maison, maman m'aide beaucoup… faut qu'on m'explique beaucoup… La lecture c'est dur… J'ai du mal avec l'écriture, c'est pas comme Lydie… Mon frère était meilleur au CP, il savait lire avant Noël… Ça devrait pas être aussi dur d'apprendre… »

Paul, 12 ans, élève de 6e,
le « j'en ai marre de l'école »
ou attitude d'intolérance aux frustrations

« Au primaire, c'était mieux, ils donnaient moins de travail… y a des profs pas sympas… L'anglais, ça sert à rien… Personne ne nous aide… Il y a trop de matières que j'aime pas… Je me demande bien à quoi ça nous servira… Ça pourrait être plus intéressant… On n'utilise même pas l'ordinateur… De toute façon, j'ai jamais aimé l'école… Je ne suis pas un « intello » et puis à la cantine c'est des… En plus, faudrait travailler tout le temps avec eux… La maison, c'est pas l'école, faut bien jouer un peu… Ce prof m'a pris en grippe, alors… »

Des pensées « irrationnelles »

Tous ces exemples nous rappellent certaines réflexions de nos enfants. Il s'agit bien entendu d'évaluer la logique, la « rationalité » de ces réflexions. Il n'est pas question d'étiqueter « monologue intérieur négatif » ou « inadéquat » des pensées telles que : « j'ai du mal à comprendre... », « je n'aime pas cette matière... », « cela me prend trop de temps... ».

Nous l'avons vu avec les quelques monologues ci-dessus cités, ce qui traduit une véritable attitude cognitive « inadéquate », c'est son caractère définitif, absolutiste. Nous le verrons quand nous reprendrons une à une ces trois grandes attitudes cognitives déjà évoquées : seuls les « il faut », « ça doit », déterminent ce caractère inconditionnel de la pensée ou non. Avec le modèle ABC, nous saisissons le lien entre ce genre de pensées inadéquates et les émotions, elles-mêmes initiatrices de comportements déviants ou inefficaces. Reprenons quelques exemples. Comment bien intégrer les informations d'un sujet de mathématiques si la croyance est « je dois réfléchir vite... » ? Bien au contraire, l'apprenant fait monter la pression, s'énerve, inhibe ses capacités par crainte de ne pas faire « ce qu'il devrait faire » (sentiment d'anxiété). De même, quelles émotions déclenchent une pensée telle que : « je ne me sens pas capable de... » ? Aussitôt s'associent d'autres dépréciations et leur cortège d'inhibitions, de blocages et de comportements passifs au final (attitude dévalorisante). Quant aux réflexions du style « on ne devrait pas se prendre la tête avec l'école », quels comportements peuvent s'ensuivre si ce ne sont les refus, les évitements, les contestations et finalement les abandons (attitude d'intolérance à la frustration) ?

Comment évaluer le style propre à votre enfant ?

Pour les questions suivantes :

— entourez 1 si vous êtes fortement en désaccord avec l'affirmation

— entourez 2 si vous êtes en désaccord avec l'affirmation

— entourez 3 si vous êtes d'accord avec l'affirmation

— entourez 4 si vous êtes tout à fait d'accord avec l'affirmation

1. Il pense que tout ira pour le mieux, qu'il travaille ou non	1 2 3 4
2. Il dit qu'il y a beaucoup de hasard dans les résultats scolaires	1 2 3 4
3. Pour lui, beaucoup de matières sont inutiles	1 2 3 4
4. Il a toujours fait son travail scolaire rapidement	1 2 3 4
5. Il peut devenir excellent quand il le veut	1 2 3 4
6. Il est très sensible au « style » de l'enseignant	1 2 3 4
7. Pour lui la vie ne devrait être qu'agréable et amusante	1 2 3 4
8. Il n'a jamais été très stable dans ses loisirs (sportifs par exemple)	1 2 3 4
9. La plupart des tâches scolaires sont faites à la dernière minute	1 2 3 4
10. Il se démotive ou s'ennuie très rapidement	1 2 3 4

Au-dessus de 18 points, les réponses au questionnaire signent un tempérament « intolérant aux frustrations » ; il sera souhaitable de se reporter aux pages 209 à 215.

Pour les questions suivantes :

— entourez 1 si vous pensez qu'il n'a besoin d'aucune amélioration

— entourez 2 si vous pensez qu'il a besoin d'une légère amélioration

— entourez 3 si vous pensez qu'il doit s'améliorer

— entourez 4 si vous pensez qu'il a vraiment besoin de s'améliorer

1. Est-il confiant pour faire son travail seul ?	1 2 3 4
2. Est-il d'une humeur plutôt optimiste ?	1 2 3 4
3. A-t-il tendance à se déprécier, se dévaloriser en cas d'échec ?	1 2 3 4
4. A-t-il une bonne image de lui quant à sa personnalité ?	1 2 3 4
5. S'apprécie-t-il globalement bien dans son physique ?	1 2 3 4
6. Est-il souvent découragé après de mauvais résultats scolaires ?	1 2 3 4
7. A-t-il l'impression d'être incompétent dans certaines matières ?	1 2 3 4
8. Perd-il une part de ses moyens pour les exercices en classe ?	1 2 3 4
9. Est-il très sensible aux remarques des enseignants ?	1 2 3 4
10. Craint-il d'être moins apprécié par vous du fait d'une faible note ?	1 2 3 4

Au-dessus de 18 points, les résultats de ce questionnaire traduisent un indice de manque de confiance en soi (attitudes anxieuses ou de dépréciation qui seront traitées pages 188 à 206).

Pas de panique !

La plupart du temps, les deux questionnaires donnent des résultats positifs. Soyez rassurés ! Tout d'abord, il s'agit de questions issues de ma pratique clinique et utilisées comme indicateurs, ce ne sont pas de véritables tests étalonnés ou statistiques. Il faudra surtout tenir compte, comme je l'ai évoqué plus haut, des « cognitions » ou monologues particuliers de notre enfant en situation scolaire ou d'apprentissage. En second lieu, ces résultats n'affirment pas une quelconque pathologie mais donnent un « signe » explicatif de certains dysfonctionnements qu'il sera possible de corriger, comme nous le verrons dans les chapitres suivants. Quant au « cumul », s'il existe des enfants particulièrement anxieux et dévalorisés devant les apprentissages, sans déficit au niveau de l'acceptation des contraintes et du travail à fournir (nous parlerons des « désorganisés », des « perfectionnistes », des « potentiels moyens »), beaucoup d'autres manifestent non seulement une certaine immaturité (estime de soi, acceptation de soi faibles), mais aussi et surtout ce dénominateur commun, véritable pierre angulaire de la démotivation scolaire, *un faible seuil de tolérance aux frustrations*.

Nous verrons donc comment confronter ces attitudes cognitives en s'opposant verbalement, comportementalement, éducativement, aux rigidités de pensée et autres croyances et certitudes conditionnées. Pas question de pensée positive ou de méthode Coué pour stopper ces « autosuggestions » négatives de l'apprenant. La démarche est plus subtile, ce sera le propos des chapitres suivants. Mais avant, un dernier effort : celui de la connaissance de votre propre « style éducatif ou parental ». L'essentiel demeure la volonté d'interagir positivement et surtout adéquatement entre vos propres attitudes parentales et les attitudes de votre enfant.

EN RÉSUMÉ

L'attitude de l'enfant au moment de la mise au travail (à la maison ou à l'école) est le moteur de la motivation pour activer les capacités d'apprentissage. Ces attitudes se traduisent en comportements et « émotions » mais sont essentiellement la conséquence, non pas de la situation d'apprentissage seule, mais des attentes, croyances, affirmations, pensées, monologues intérieurs de l'enfant face à ces mêmes événements ou « situations activantes ». Ces pensées conditionnées sur l'objet d'apprentissage, l'école, l'enseignant ou ses propres capacités peuvent être évaluées par l'observation des comportements, l'écoute et la mise au jour des verbalisations de l'élève au moment de la « mise en route » du potentiel. Les trois grandes attitudes signent souvent la dévalorisation, l'anxiété et l'intolérance aux frustrations. Toute entreprise de remotivation n'est possible qu'en s'attaquant à ces attitudes démotivantes.

A → B → C

Situat° activante — Beliefs (pensées) — Conséquences

Sur la piste des « pensées démotivantes » le réflexe « ABC »

Retrouver les « pensées démotivantes » de notre enfant n'est pas facile. Nous intervenons trop souvent en aval du problème posé pour tenter de trouver des réponses.

Par exemple :

C comme conséquences	
Il n'a pas appris sa leçon.	Vous lui dites que « toute matière est importante, qu'il ne faut rien négliger ».
Sa réponse risque d'ouvrir un débat sur les matières enseignées.	Il s'y mettra sans grande conviction.

Vous travaillez en fait sur son comportement, sur les « conséquences » que provoquent les « pensées » démotivantes. Vous êtes dans le « C » du modèle « ABC ».

« **A** » (la situation activante, déclenchante)	« **C** » (ce qu'il fait ou refuse de faire, son comportement)
Apprendre sa leçon.	Il ne l'apprend pas.

Vous tentez de retrouver ses pensées… (le « B ») :

« B » ou quelles sont ses pensées ?		
Vous lui demandez ce qu'il se dit quand il « démarre » la leçon.	Il dit qu'il pense *avoir tout compris en cours*, que ce n'est pas la peine de « tout revoir » !	Vous vérifiez si les informations essentielles sont acquises et dans le cas contraire vous proposez une méthode de travail.

Revenir au « démarrage », au moment où il appréhende la « difficulté » est l'amont du problème.

Répondre trop vite aux « C », aux conséquences (mauvais résultats, attitudes inadéquates), empêche de bien évaluer la raison profonde du « problème » et inhibe les éventuelles réponses éducatives.

Chapitre 6

Comment réagir face à la démotivation de votre enfant

Être parent = être faillible !

Ce chapitre vous propose une meilleure connaissance de votre propre style, de votre « attitude parentale » devant les difficultés, les dysfonctionnements et les démotivations scolaires de votre enfant. Il n'existe pas qu'une seule attitude et nous pouvons être en parfaite adéquation avec tel ou tel comportement de notre enfant et en parfait désaccord avec tel ou tel autre. En tant que parent, nous avons fort à faire avec le quotidien d'un contexte « social » toujours plus exigeant (à nos devoirs d'éducateurs se greffent les obligations de réussite professionnelle, amicale, avec l'exigence de l'« épanouissement personnel »). Parce que les contraintes parentales ont formidablement augmenté, il nous semble au contraire judicieux, non pas de condamner des attitudes qui se révéleraient inappropriées, mais de vous aider à mieux comprendre ce qui est adéquat ou non. Nous l'avons dit, évitons les conseils qui restent dans le flou artistique du « relationnel » ; il nous faut désormais observer nos comportements parentaux en interaction avec les pensées et les comportements (les attitudes cognitives) des enfants en situation d'apprentissage scolaire.

« On n'y arrive pas ! »

Le thérapeute : *Si j'ai bien compris, Pierre vous en fait voir de toutes les couleurs !...*

Le père : *Il n'a que 9 ans, vous vous rendez compte !... et puis je me sens nul... ne pas y arriver avec un môme !*

Le thérapeute : *C'est un cheval fougueux... c'est très difficile, la plupart des parents n'y arrivent pas, on ne vous a jamais appris comment faire avec un tempérament comme celui de Pierre...*

Le père : *On a tout essayé... les conseils sont contradictoires... même chez vos confrères... je ne comprends plus rien !...*

Le thérapeute : *Quand je vous dis qu'il faut pratiquement être un « spécialiste » ! Nous croyons tous bien faire au départ. L'enfant va bien, le développement est normal... il est plutôt épanoui, tonique, affirmé, combatif.*

La mère : *Tout à fait Pierre !... mais, dès le CP...*

Le thérapeute : *Là on ne comprend plus rien... tout ce qu'on faisait ne marche plus... il est insupportable et les résultats deviennent mauvais... et vous consultez...*

Le père : *On n'a pas su y faire...*
Le thérapeute : *Non... vous venez apprendre... rappelez-vous... le « cheval fougueux » !...*

Non pas *une* mais *des* réponses

Répétons-le, les attitudes parentales doivent être comprises dans leur interaction avec les dysfonctionnements de l'enfant. Si telle attitude de « maternage » sécurise l'enfant dans un contexte particulièrement stressant, il n'est pas question de se l'interdire. Une attitude « autoritaire » peut s'avérer salutaire devant une opposition démesurée, mais se révéler tout à fait inadéquate devant d'autres comportements négatifs. Il n'existe pas *une* attitude parentale appropriée et unique, mais diverses réponses devant telles ou telles difficultés. L'essentiel est d'évaluer l'efficacité et les conséquences du comportement parental.

Une des façons les plus simples est d'observer sans cesse les conséquences réelles sur l'attitude de l'enfant :

— si ses comportements cessent, mais réapparaissent à moyen terme, ce n'est pas la preuve d'une prise de conscience de l'enfant mais d'un *conditionnement* (les façons d'agir de l'enfant sont stoppées par crainte de...) ;

— si les actions et dysfonctionnements se répètent inlassablement après les interventions adultes, nous sommes en présence d'un *renforcement :* le sujet est stimulé, « renforcé » par l'attitude parentale. Par exemple, un enfant très passif qui quête l'aide de l'adulte risque rapidement d'augmenter sa dépendance et sa passivité. L'aide parentale devient de plus en plus massive, quotidienne, les résultats scolaires ne sont pas meilleurs, ce qui entraîne une aide supplémentaire des parents, cela devient le cercle infernal de l'élève passif ou dépendant ;

— en revanche, si une attitude parentale entraîne un changement notable sur le long terme (avec une réalité scolaire), l'hypothèse de la « bonne piste » peut être envisagée.

Savoir évaluer l'efficacité de votre attitude parentale

C'est le quotient « changements de l'enfant/interventions parentales ». Si le résultat est positif, cela peut être un indice d'adéquation entre l'attitude parentale et l'attitude de l'enfant.

Prenons l'exemple suivant :

Un enfant travaille mieux le mercredi (une amélioration), mais rarement les autres jours de la semaine. Après une dizaine d'avertissements parentaux (dix interventions) : 1 (une amélioration) divisé par 10 interventions = 0,1.

Un enfant travaille mieux *trois* jours de la semaine après *une* remise au point parentale.

3 (trois améliorations) divisé par 1 = 3

et ainsi de suite…

Dès que le résultat est inférieur à « 1 », l'intervention parentale s'avère problématique pour ne pas dire inefficace.

Attention, la fin ne justifie pas toujours les moyens. Seul le changement à moyen et long terme peut être envisagé comme probant et révélateur d'une attitude parentale adéquate. Sinon, nous l'avons déjà vu, il ne s'agirait que d'un conditionnement opérant, c'est-à-dire « j'obtiens ceci » en promettant ou en menaçant (attitude « maternante » ou trop « autoritaire »). Quelques attitudes parentales produisent des conséquences négatives, mais ne sont pas, à mon avis, primordiales dans la perturbation et la démotivation de l'enfant apprenant non performant. Nous distinguerons donc les attitudes parentales à éviter et surtout l'attitude parentale à bannir.

Les attitudes parentales à éviter

Ne soyez pas focalisé sur la réussite scolaire

Seuls comptent l'école et les résultats, l'enfant n'est pas appréhendé dans sa spécificité, mais dans ses futures études ou son futur métier. Tout dialogue tourne vite à l'évaluation quotidienne des résultats scolaires, l'enfant est devenu un apprenant, aucune autre facette de sa personnalité n'est envisagée ou gratifiée. Les attentes excessives des parents peuvent engendrer des blocages et surtout de l'anxiété chez l'enfant tant la pression est grande.

• Évitons les : « C'est dès maintenant que l'avenir se joue !... »

Communiquez avec les enseignants

La tentation est souvent grande de voir chez l'enseignant le responsable des difficultés de notre enfant. *A contrario*, échanger avec lui est une mine d'informations : il est bien le témoin des apprentissages et des attitudes. Collaborer avec lui, c'est aussi et surtout éviter ce fameux « diviser pour mieux régner » que suscitent beaucoup d'élèves en difficulté.

Attention aux réactions « hyperémotives »

Chaque résultat négatif ou dysfonctionnement enclenche des réactions émotionnelles disproportionnées : colère, rejet, menaces pour l'avenir. Les parents qui réagissent ainsi sont également des personnalités qui majorent excessivement le rôle de l'école (soit par attentes excessives ou projection de leur propre vécu), ou qui signent une instabilité propre. *Les parents hyperémotifs créent de l'anxiété et parfois des réactions de provocation chez l'enfant* (interactions en chaîne et sans fin).

• Évitons les : « Ça me met dans des états ! » à la lecture d'un mauvais bulletin trimestriel.

Être mécontent est justifié, mais se mettre en colère, non.

Être inquiet est adéquat mais il faut éviter de « s'angoisser ».

L'attitude hyperprotectrice

Toute l'action éducative est centrée sur la protection maximale de l'enfant, *ce dernier ne doit subir aucune frustration quotidienne*. Quelques caractéristiques :

— soutien scolaire maximal,

— aide immédiate sans exiger une meilleure intégration des problèmes par l'apprenant lui-même,

— attitude constamment « nourricière » (pour reprendre les termes de l'analyse transactionnelle de Berne), tout est mis à disposition pour que l'enfant n'ait ni à chercher, ni à découvrir…

— les contacts sociaux (élèves, activités avec enseignants) sont évités au maximum,

— beaucoup d'activités scolaires ou extrascolaires sont vécues comme dangereuses.

• L'attitude hyperprotectrice, ou « maternage excessif », facilite et génère l'anxiété, la dépendance, la crainte de prendre des risques, allant de la peur de la confrontation au réel à l'éventuel échec.

L'attitude autoritaire

Elle est de moins en moins courante : les parents excessivement autoritaires enlèvent toute initiative, refusent tout dialogue à l'enfant qui n'existe que pour se conformer à des règles strictes, rigides, avec application de punitions démesurées (parfois corporelles) si nécessaire.

• L'excès d'autoritarisme entraîne soit des sentiments d'anxiété, soit des comportements de rébellion chez l'enfant apprenant. Ces conséquences sont pénibles mais plus facilement traitables que les comportements d'intolérance aux frustrations provoqués par les attitudes parentales qui vont suivre.

Une attitude parentale à bannir : l'attitude « permissive »

Une définition : l'attitude permissive est avant tout l'absence de règles ou de contraintes éducatives. La philosophie éducative quotidienne consiste à éviter le conflit avec autrui, la frustration de l'enfant. Peu de règles de vie sont décidées et, quand elles existent, elles ne sont pas tenues, elles sont contredites par un des parents ou bafouées par leur auteur lui-même. *Cette permissivité parentale engendre chez l'enfant l'attitude la plus difficile et dangereuse qui soit : l'intolérance aux frustrations.*

Bien souvent, notre propre vécu d'enfant a été déterminant. Certains quadras ou quinquagénaires d'aujourd'hui ont subi une éducation « rigide », autoritaire. Beaucoup ont évoqué la « génération Woodstock » (aux États-Unis) ou la « génération post-soixante-huitarde » (en France) pour définir une génération entière de parents. Cette interprétation classique et simpliste de la volonté de refuser ses propres vécus parentaux apparaît bien réductrice.

S'il ne s'agissait que d'une réaction sociologique… De nombreux nouveaux parents issus de la deuxième génération (post-68) semblent eux aussi s'inscrire dans cette volonté de procurer à leur enfant le maximum de liberté et de plaisir. Bien sûr, il est souhaitable, à moins d'avoir de profonds ressentis « sadiques », de tout faire en tant que parent pour donner à l'enfant sécurité et bonheur. En revanche, l'erreur vient le plus souvent d'une *confusion entre bonheur et absence de contraintes ou règles*. Mais qui n'a pas été tenté par ces « attitudes permissives » ? Tout est fait pour l'enfant, et le voir heureux procure un tel plaisir !...

> **« Mes parents, ils disent toujours ça ! »**
> *Julie, 7 ans, présente des difficultés à la fin du CP, elle refuse certains exercices de calcul. Il n'existe pas de dyscalculie, tous les outils « cognitifs » sont actualisés.*
> Le thérapeute : *Qu'ont dit tes parents quand tu n'as pas fait l'exercice avant-hier ?*
> Julie : *Ils m'ont dit que c'était pas bien... qu'ils vous le diraient et que vous alliez me gronder...*
> Le thérapeute : *Ils avaient dit que tu risquais de ne plus voir ton petit feuilleton à la TV ?...*
> Julie : *Oui, mais Maman m'a dit que ce serait pire si je travaillais pas... il n'y aura pas de cadeaux à mon anniversaire !...*
> Le thérapeute : *C'est dans combien de temps ?*
> Julie : *Dans deux mois...* (elle sourit).
> Le thérapeute : *Tu y crois ?*
> Julie (elle rit) : *Mes parents, ils disent toujours ça...*

Le « principe de réalité »

De nombreux éducateurs devraient se replonger dans un des fondements de la construction psychique selon S. Freud : l'équilibre entre le principe de réalité et le principe de plaisir. Récemment, Boris Cyrulnik évoquait, lors d'une interview (à propos de son livre *Un merveilleux malheur*[1]) cette « culture dite de Spook, du nom du médecin qui défendait la théorie qu'il fallait laisser tout faire aux enfants, et dont les Américains disent aujourd'hui qu'elle a abîmé toute une génération... ». Nous ajouterons la « culture Summerhill », ce précieux livre de S. Neill dans les années soixante-dix qui, s'il a motivé de nombreuses personnes à « faire du social » et à s'occuper d'enfants « inadaptés », a créé la plus grande confusion qui soit : l'amalgame entre la nécessaire liberté pour traiter des pathologies infantiles lourdes et la « liberté à tout prix » pour l'éducation au quotidien. Cette philosophie de l'enfant roi que dénonçait déjà William Golding dans le fameux roman *Sa Majesté des mouches*, où des enfants isolés à la suite d'un accident d'avion se révèlent d'impitoyables « sauvages » sur une île sans adultes et sans contraintes.

Le « principe de plaisir »

— *Pas « d'horaires » réguliers :* l'heure des repas est liée au « quand on a faim ». Conséquences pour l'enfant : il prend l'habitude de se nourrir n'importe quand et les « goûters » deviennent des minirepas. Bien sûr, quand c'est « l'heure », les parents sont étonnés et se plaignent du manque d'appétit de l'enfant.

1. Odile Jacob, 1999.

— *Incohérence au niveau de l'heure du coucher :* là encore règne le flou. Quand l'enfant est tonique ou revendicateur, il arrive à reculer constamment « l'heure » du coucher. Ces enfants obtiennent bien souvent ce qu'ils veulent, regarder la télévision, gagner du relationnel, jouer tardivement. Conséquences pour l'enfant : le gain de sommeil n'est pas régulier, des problèmes d'endormissement peuvent surgir, des somnolences apparaissent (particulièrement à l'école) et il tente de « tenir » jusqu'à l'effondrement. Souvenez-vous de ces enfants « noctambules » qui s'écroulent de sommeil en plein jour…

— *Un travail scolaire à la maison irrégulier :* il n'est pas question de demander à l'enfant de se mettre au travail de telle à telle heure : l'enfant roi décide du moment et du « lieu » pour soi-disant travailler (le plus souvent, après une période de satisfaction ou de plaisir ; jeu TV, rencontre avec des amis). Le « contexte » choisi est bien sûr une pièce le plus souvent « commune », avec des sollicitations possibles, un poste TV à portée de main et le téléphone à bonne distance lui aussi.

Nous savons l'importance du « biorythme » de chaque individu et il est souhaitable chez certains « non-performants » de trouver les moments les plus efficaces pour apprendre (en soirée ou tôt le matin). Dans les cas évoqués ci-dessus, ce n'est pas le rythme personnel qui est recherché, mais la *procrastination,* pour reprendre ce vieux mot français si souvent usité dans la langue anglo-saxonne (différer la frustration, « remettre à plus tard ce que l'on pourrait faire immédiatement »).

— *Pas de routines ou tâches ménagères :* nous employons le terme « routine » à bon escient : en effet, les parents permissifs n'établissent jamais de règles ou exigences régulières. L'enfant « aide » quand il le veut bien ; « il met le couvert de temps en temps », « parfois il organise un repas ».

Devant nos questionnements sur les tâches exigées pour participer à la vie familiale, nous n'obtenons rien si ce n'est le fameux « au moins il fait son lit... ». À l'heure des couettes, l'enfant ne donne donc aux autres (c'est de cela qu'il s'agit et non d'une volonté esclavagiste d'exploitation !) que – soyons large – une minute trente d'activité !

Nous pourrions ainsi lister à l'infini les absences d'exigences et de contraintes parentales. Ce qui est grave : l'absence de lois engendre à coup sûr une extrême sensibilité à ce qui sera frustration, rythme imposé, contraintes, passages obligés, liberté restreinte... Voyez le parallèle avec la vie quotidienne scolaire... comment l'enfant peut-il accepter (nous n'avons pas dit « aimer ») la scolarité, s'il est si réfractaire (parce que non habitué) aux règles ? Il existe des « remèdes » et cela fera l'objet des attitudes éducatives souhaitables devant l'enfant que nous appellerons intolérant aux frustrations (voir pages 209 à 217).

Madame V. ou le « si c'est ça être parent !... »

Le thérapeute : *Ses problèmes à l'école... depuis cette année de CM2 ?...*

Mme V. : *Si seulement !... ça a toujours été pareil : à la naissance, je le trouvais déjà remuant... Il s'est mis à marcher en avance... mais pour parler, c'est quand monsieur a bien voulu.*

Le thérapeute : *À la maternelle ?...*

Mme V. : *La comédie pour qu'il mange à la cantine... Ma mère a dû le reprendre les deux premières années... Et puis des histoires à l'école, il se faisait déjà remarquer... Presque des bagarres avec les petits copains...*

Le thérapeute : *Et à la maison ?...*

Mme V. : *Encore pire... mon mari et moi, on ne savait pas comment faire... Il piquait des crises... toujours pour manger... pour se coucher... on tentait tout... des plats qu'il aimait bien... Mon mari lui lisait des histoires au lit, mais ça durait longtemps... La plupart du temps, il se relevait et on le reprenait dans notre lit, il n'y avait que ça pour le calmer...*

Le thérapeute : *Ses colères avaient un motif ?...*

Mme V. : *Pas du tout, c'est son caractère... Il piquait des crises pour un jouet pas acheté en ville... pour venir dîner quand monsieur regardait son émission télé...*

Le thérapeute : *Interveniez-vous « fermement » pour le stopper... y avait-il des « conséquences » ?...*

Mme V. : *Des conséquences ?...*

Le thérapeute : *Des petites punitions pour le rappeler à l'ordre...*

Mme V. : *Mon mari et moi n'avons jamais voulu ce genre de « pratiques », il a l'âge de raison, il ne devrait plus se comporter en bébé. On se tue à le lui dire... De toute façon, si on le punit, il recommence après, ça ne sert à rien... Et puis, si c'est pour avoir tout le temps la bagarre... Ce qu'on veut avant tout c'est une bonne harmonie, un partage...*

Le thérapeute : *Et lui, il « partage » avec vous... ?*

Mme V. : *Oui, bien sûr... il n'a pas le fond méchant !...*

Le thérapeute : *Quand ça chauffe fort avec lui, ça se termine comment ?...*
Mme V. : *Je suis tellement épuisée... le plus souvent, je claque la porte de sa chambre... J'en ai marre, mon mari, lui, est moins patient... ça peut aller jusqu'à la gifle.*
Le thérapeute : *Lui demandez-vous des petits services quotidiens... mettre le couvert... vider le lave-vaisselle... ?*
Mme V. : *J'entends bien ce que vous dites, mais vraiment... le rapport avec ses sales notes à l'école et les problèmes de « discipline », comme dit l'instit ?*
Le thérapeute : *Quelquefois l'enfant a besoin de s'entraîner chez lui pour les contraintes... après c'est parfois plus facile pour les exigences de l'école...*
Mme V. (après un long silence et une mine triste devant ce « psy » qui ne lui parle pas du « déblocage psychique miraculeux ») : *... Si c'est ça être parent...*
Pour ne pas instaurer un véritable « contrat » avec l'enfant où serait définie une charte de liberté de chacun, avec ses droits et ses obligations, Mme V. et son mari en arrivent à des attitudes de rejet beaucoup plus « traumatisantes » pour l'enfant (gifles, qualificatifs négatifs, menaces) que l'arrêt d'un comportement déviant par une simple conséquence immédiate (punition liée au dysfonctionnement).

Nous insistons sur cette attitude parentale, car elle ne crée que des désagréments et des conflits. En évitant l'établissement de règles et le conflit à court terme, le parent vivra de plus grands conflits ou frustrations à long terme. Non seulement, l'acceptation des contraintes à court terme procure des satisfactions et gratifications à long terme, mais l'absence d'exigences parentales est destructrice et fragilise l'enfant. Ce dernier pourra non seulement développer un syndrome dit d'« intolérance aux frustrations » quant à son intégration scolaire mais, plus grave encore, il pourra tomber dans des comportements pathologiques. Tous les praticiens le savent, la quête constante de plaisir ou de satisfaction immédiate peut mener, plus tard, aux actes délictueux, aux comportements d'addiction chez l'adolescent, voire aux conduites suicidaires. La consigne est donc de rester excessivement vigilant sur notre attitude permissive. À ce titre, nous évaluerons quelques indices de « permissivité » au travers du questionnaire ci-après (p. 123).

Êtes-vous un parent « permissif » ?

Un tel questionnaire n'est pas sans risques ! L'amalgame est tentant de n'y voir que des règles éducatives « archaïques », preuve d'une philosophie « rigide » sous-jacente. Faut-il de l'éducation ou de la répression ? Doit-on revenir au bon vieux temps de l'autoritarisme parental ? L'enfant n'a-t-il donc aucun pouvoir d'autonomie ? Comment peut-il épanouir sa propre identité dans un environnement quasi carcéral ? Est-ce dans le conflit ou l'exigence permanente qu'une « bonne relation » peut s'établir ?

Resituons ce questionnaire dans le contexte du présent chapitre : certains enfants ou adolescents sont particulièrement sensibles aux exigences et frustrations, et toute attitude parentale qui amplifierait ce refus du « principe de réalité » risque de majorer les difficultés. Pour nous, il ne peut exister des exigences d'apprentissage et une adaptation scolaire si l'espace familial, véritable lieu de répétitions et d'acquis, est dépourvu de toute règle.

Bien entendu, ces « règles » sont d'abord explicitées, argumentées. C'est là la grande différence avec les normes parentales d'antan : la règle pour la règle, les « on ne parle pas à table... », « on n'interrompt pas les parents... ». En détaillant le questionnaire de plus près, les règles envisagées ne sous-tendent que de véritables valeurs sociales de respect d'autrui, d'engagement, d'acceptation de « routines » élémentaires du quotidien. Rien à voir avec un terrorisme « normatif ». Quant aux réponses, elles se doivent d'être relativisées au regard de l'âge de l'enfant. À l'idée que de telles exigences pourraient « traumatiser », aliéner l'enfant, voire l'inhiber dans la quête de son identité, nous pensons que ces fausses craintes relèvent plus de « croyances » que d'une réalité. Nous avons choisi certaines questions parce qu'elles sont traditionnellement celles que l'on pose aux parents quand l'enfant manifeste un « syndrome d'intolérance aux frustrations ». Il ne s'agit pas d'évaluer les convictions éducatives des parents mais de repérer quotidiennement là où l'enfant expérimente ou non ce difficile apprentissage du principe de réalité.

ÊTES-VOUS PERMISSIF ?	
Encerclez le chiffre correspondant à la fréquence de vos comportements : 1 = jamais 2 = rarement 3 = souvent 4 = la plupart du temps	
1. Demandez-vous des tâches « ménagères » quotidiennes à l'enfant ?	1 2 3 4
2. S'il refuse ce qu'on lui demande, existe-t-il des conséquences ?	1 2 3 4
3. Établissez-vous une heure de « coucher » (selon l'âge) ?	1 2 3 4
4. Les heures de repas sont-elles habituelles ?	1 2 3 4
5. Le « lever » intervient-il à des heures régulières ?	1 2 3 4
6. Existe-t-il un système d'argent de poche ?	1 2 3 4
7. Certains loisirs sont-ils envisagés comme récompenses ? (telle sortie au cinéma est liée à tel comportement familial ou scolaire) ?	1 2 3 4
8. Répondez-vous positivement à des demandes d'achats spontanées (dans une « grande surface », en ville, besoin urgent d'argent, etc.) ?	1 2 3 4
9. Gérez-vous avec l'enfant les sommes d'argent acquises (argent remis par la famille au moment des fêtes) ?	1 2 3 4
10. Votre enfant s'inscrit-il dans une activité de loisir pour plus d'un an ?	1 2 3 4
11. Existe-t-il des règles pour les « sorties » ?	1 2 3 4
12. Les règles de « sortie » sont-elles négociées à l'avance ?	1 2 3 4

13. Vérifiez-vous le travail scolaire fourni au moins une fois par semaine ?	1 2 3 4
14. Contactez-vous les enseignants dès qu'il y a des doutes quant au travail effectué ?	1 2 3 4
15. Donnez-vous des conséquences devant un refus obstiné de travail ?	1 2 3 4
16. Intervenez-vous s'il manifeste des comportements « hors norme » (pas question de refuser toute originalité, surtout s'il s'agit d'un enfant, mais nous entendons par « hors norme », les comportements qui sortent réellement de l'ordinaire : cheveux teints style « punk », garder un anorak dans un living-room surchauffé, porter la « casquette » en mangeant, etc.) ?	1 2 3 4
17. Exigez-vous de lui une hygiène corporelle quotidienne ?	1 2 3 4
18. Obtenez-vous un rangement hebdomadaire de ses « affaires » ?	1 2 3 4
19. Est-il obligé de ne pas manquer des rendez-vous de loisir (sport, etc.) ?	1 2 3 4
20. Vous sentez-vous « détendu » dans votre vie quotidienne avec lui ?	1 2 3 4

Si le total de vos points est inférieur à 40, il existe sans doute un lien entre votre permissivité et l'intolérance à la frustration de votre enfant.

EN RÉSUMÉ

Il n'est pas question de se démoraliser ! Nous l'avons déjà souligné, une inadéquation du côté des règles éducatives « contraignantes » n'est pas révélatrice d'un dysfonctionnement parental total. Il y aurait beaucoup à dire sur certains aspects positifs d'une grande liberté pour l'enfant (indépendance, débrouillardise). Mais, pour ce qui nous concerne, il faut avant tout évaluer et annuler le moindre stimulateur d'échec ou de non-performance scolaire. L'intolérance aux frustrations est fondamentale parce qu'elle signe généralement un dénominateur commun à de nombreux problèmes d'adaptation. Si vous êtes un parent particulièrement « permissif », il sera souhaitable de changer certaines de vos « croyances » avec leur lot de conséquences inadéquates pour l'enfant.

Après cette « remise en cause », il est temps de vous aider à faire évoluer les attitudes inappropriées de votre enfant. Les chapitres suivants se proposent de les définir, de vous donner des exemples typiques pour mieux évaluer les comportements et envisager des hypothèses de travail pour y remédier.

COMMENT RÉAGIR FACE À LA DÉMOTIVATION DE VOTRE ENFANT

Savoir évaluer vos réponses éducatives
Bien observer les réponses comportementales de votre enfant
Bannir la permissivité

L'« intolérance aux frustrations »

=

LE FONDEMENT DE LA DÉMOTIVATION SCOLAIRE

Chapitre 7

Des projets, des objectifs, des rêves pour être motivé

Penser à l'avenir dès maintenant ?

Lorsque je pose à l'enfant démotivé cette question : « Que veux-tu faire plus tard ? », j'obtiens les mêmes réponses que celles qu'il donne à ses parents : « Je ne sais pas... », « aucune idée », « pas la peine de se prendre la tête », « de toute façon, il n'y aura pas de travail... ». Les mimiques, le « non-verbal » sont à l'avenant : l'étrange impression pour l'interlocuteur qu'il ne fallait surtout pas poser cette question sans doute si souvent entendue et pourtant...

Même s'il ne s'agit pas d'une étape clé de la motivation scolaire de l'enfant en bas âge, il est souhaitable de lier le cursus scolaire à un futur, à un but, aussi éloigné soit-il. Ce chapitre s'adresse surtout aux élèves entrant en classe de 6e pour qui, tout à coup, l'apprentissage n'est plus flou mais s'affirme comme le moteur des études plus longues, une étape importante pour l'avenir. Les nouvelles matières, le changement de rythme, le discours parental, les attitudes nouvelles des enseignants vont tous dans le même sens : le collège marque le début de la grande école, celle qui prépare le futur. Quant aux élèves du primaire, les commentaires qui suivent doivent leur permettre d'établir pour eux aussi un rapport entre l'école et la réalité, de mieux cerner l'obligation d'apprendre et son pourquoi.

Être réaliste avec votre enfant sans lui « couper les ailes »

Lorsque je bavarde avec des élèves pour qui la scolarisation ne pose pas de problème majeur, tous ont des idées assez précises sur le métier de leurs rêves ou, du moins, sur tel ou tel champ d'activités ou de loisirs, même s'il s'agit d'une idée provisoire. Beaucoup évitent de se fixer des objectifs par peur de l'échec, d'autres par méconnaissance de soi et/ou du monde professionnel. Il est important de laisser un jeune enfant envisager le métier de ses rêves. Comme le soulignent les Anglo-Saxons, il ne faut pas avoir d'objectifs à la baisse : voir grand est motivant même si plus tard il y aura de nécessaires réajustements.

Dans nos cultures, un profond réalisme freine le jeune dans ses passions, ses objectifs à long terme. Ainsi, combien de fois n'avons-nous pas évoqué le manque de réalisme dans les fantaisies professionnelles d'un enfant ! Sans qu'il soit question de copier l'éducation d'outre-Atlantique, tentons de garder ce qui paraît bon pour nos petits élèves. Il est sûr qu'un excès de réalisme devient vite un frein à l'optimisme de l'enfant. Si tel ou tel enfant émet le souhait de devenir un grand chirurgien, arrêtons les commentaires tels que : « les études sont trop longues », « peu réussissent », etc. Devant le souhait qu'exprimera un autre enfant d'avoir un restaurant, n'évoquons pas tout de suite son irréalisme devant les futures exigences de financement. Votre attitude se doit d'être subtile : accepter certains projets disproportionnés pour non pas les « contrer » mais envisager les « possibles » avec le souci de conforter, ou d'atténuer le projet de l'enfant, en connaissant mieux, sa réalité et la réalité.

« Ça m'intéressera pas... »

Bastien, 12 ans et demi, élève de 6e, tente de convaincre ses parents pendant la consultation...

Bastien : *Ce qui m'intéresse c'est de travailler dans la mécanique...*

Le père : *Tu peux faire autre chose, fais comme ton oncle, il est ingénieur à l'aérospatiale.*

Bastien : *Moi, c'est l'automobile... je veux aller en apprentissage après la 3e.*

Le père : *Il faut aller jusqu'au bac si tu veux trouver un bon travail...*

Bastien : *Oncle Rémi, il a un bon métier, il n'est pas allé à l'école longtemps...*

Le père : *Vaut mieux que tu fasses des études… c'est pour ça qu'on t'a amené ici…*

Bastien : *Ça m'intéressera pas…*

Il ne nous restait plus qu'à reprendre le débat à notre compte pour mieux cerner avec Bastien et son père les objectifs réels et possibles.

Aller à l'école sans objectifs ?

Pour des élèves qui ne voient aucun lien entre l'exigence scolaire quotidienne et leurs souhaits ou objectifs à long terme, nous utilisons un « aide-mémoire ». Il est bon de l'afficher au-dessus du bureau pour le consulter dès que la démotivation s'installe avec ses monologues intérieurs négatifs (« cet exercice ou devoir me bloque », « je n'ai pas envie de le faire », « à quoi ça sert ? »). L'aide-mémoire permet de se remémorer les objectifs à moyen et long terme pour retrouver un sens à l'obligation scolaire quotidienne jugée inutile, sans buts précis.

Pas besoin d'école…

Marc, élève de CM2 est un fervent partisan du « ça sert à rien l'école ».

Un premier entretien au cabinet de consultation…

Le thérapeute : *Tes parents disent que tu ne fais rien du tout pour l'école… Le premier trimestre de CM2 n'est pas terrible… L'institutrice dit que tu n'es pas motivé, que tu es « ailleurs ».*

Marc : *J'aime pas l'école…*

Le thérapeute : *Pourquoi les enfants doivent aller à l'école ?...*

Marc : *J'en sais rien... ça sert à rien... !*

Le thérapeute : *L'écriture, le français, le calcul... ça sert à rien ?... d'après toi... ça pourrait servir à quoi ?*

Marc : *À embêter les enfants...*

Le thérapeute : *Tu n'auras jamais besoin de calculer, d'écrire, de savoir des tas de choses pour plus tard ?...*

Marc : *Mon cousin dit toujours que c'est pas l'école qui lui a donné un métier... il aimait pas l'école non plus...*

Le thérapeute : *Il fait quoi ton cousin ?...*

Marc : *Pêcheur en mer...*

Le thérapeute : *C'est ce que tu voudrais faire ?...*

Marc : *Non, c'est trop dur... il dit que ça donne pas beaucoup de sous... et moi je voudrais plein de sous pour les belles voitures...*

Le thérapeute : *Tu voudrais faire quoi quand tu seras plus grand ?...*

Marc : *Je sais pas...*

Le thérapeute : *Tu as des loisirs, tu pratiques du sport... tu fais de la musique ?... Que fais-tu quand tu n'es pas à l'école ?*

Marc : *J'aime bien plein de choses... cette année, c'est le basket... j'aime bien...*

Le thérapeute (saisissant la balle au bond) : *Avant de jouer des matches, tu fais un entraînement ?...*

Marc : *On fait des matches, l'entraînement ça sert à rien...*

Le thérapeute : *Tu n'as jamais d'objectifs ?...*

Marc : *Des quoi ?...*

Le thérapeute : *Nous allons faire un exercice...*

Retrouver des objectifs

Cet exercice peut faire l'objet d'une discussion entre les parents et leur enfant ou entre les élèves et leurs différents intervenants.

C'est l'occasion de réaliser un véritable *brainstorming* (ou « remue-méninges ») pour envisager l'avenir, rêver, mieux se connaître et aussi solliciter ce fameux lien entre les contraintes immédiates et le long terme.

L'exercice proposé ci-dessus présente un double intérêt : bien montrer qu'il est impossible de fonctionner sans but. Que ferait un tireur à l'arc qui n'a pas de cible ? Il nous faut casser cette croyance que cela ne regarde que quelques scolaires, les soi-disant privilégiés, les « têtes ». De plus, cet aide-mémoire favorise l'établissement du lien entre le long et le court terme. Pour beaucoup d'apprenants en difficultés, il n'existe aucun lien entre leur scolarité et une future réalité professionnelle. Le souci premier est donc d'évaluer différemment le travail scolaire exigé puisqu'il possède désormais une connotation « réelle ».

Stimuler le long terme…

Le jeune Boris rêve de naviguer plus tard. Il est d'accord, il envisage plutôt une vie confortable et ne se verrait pas matelot à vie.

— Nous inscrivons son « rêve », *l'objectif à très long terme :* officier de marine.

— Quel diplôme lui faudra-t-il ? Il sait que son *objectif à long terme* ne peut être qu'un minimum « bac + 2 ou 4 ».

AIDE-MÉMOIRE
POUR LIER L'ÉCOLE À L'AVENIR

OBJECTIFS À TRÈS LONG TERME, LE « RÊVE »
Plus tard j'aimerais devenir... je me verrais bien faire... ma vie serait...

....
....
....
....

OBJECTIFS À LONG TERME
J'aurai besoin de tel diplôme, de telle formation professionnelle...........

....
....
....
....

OBJECTIFS À MOYEN TERME
Cette année il faut que j'obtienne... que je fasse...

....
....
....
....

OBJECTIFS À COURT TERME « QUOTIDIENS »
Et aujourd'hui je dois faire...

....
....
....
....

— Que peut-il faire dès cette année scolaire pour faire un sérieux pas vers son « rêve », quel peut être son *objectif à moyen terme ?* Tout faire pour passer en classe supérieure semble approprié.

— Quant à *l'objectif à court terme ou « quotidien »*, il est possible d'apprendre dès aujourd'hui une liste de vocabulaire d'anglais particulièrement difficile.

L'aide-mémoire devient :
Objectif à très long terme... le « rêve » : officier de marine
Objectif à long terme : bac + 4
Objectif à moyen terme : ne pas redoubler
Objectif à court terme ou « quotidien » : faire mon travail d'anglais dès ce soir

Pour les plus réticents, nous proposons cette même feuille d'exercice avec un loisir ou une tâche non scolaire comme objectif à long terme. Notre but est toujours le même : renforcer cette idée que tout projet à long terme mérite une démarche (frustrante) immédiate.

Éric ou le futur Michael Jordan
Éric est un élève de 6e, il ne vit que pour son « idole », le fameux joueur de basket-ball.
Le thérapeute : *Que peut-on inscrire sur la feuille dans « objectif à très long terme », tu te souviens... le rêve du rêve... ?*
Objectif à très long terme :
Éric : *Devenir un champion comme Jordan...*
Le thérapeute : *Que devras-tu faire pour devenir comme lui... ?*
Éric : *Être très fort en basket... !*
Objectif à long terme :
Le thérapeute : *On écrit : « très fort en basket dans le long terme ».*
Objectif à moyen terme :

Le thérapeute : *Que pourrais-tu faire cette année pour que ton rêve devienne réalité ?…*
Éric : *M'inscrire dans une équipe de basket !…*
Le thérapeute : *Tu n'en fais pas partie ?…*
Éric : *Non…*
Le thérapeute : *Je marque dans l'objectif à moyen terme… pour cette année…*
Objectif à court terme :
Le thérapeute : *Et que comptes-tu faire dès ce soir pour avancer vers ton rêve ?*
Éric : *C'est samedi, on va pas m'inscrire comme ça aujourd'hui !…*
Le thérapeute : *Fais simplement quelque chose de possible, dès que tu seras rentré chez toi, pour réaliser un tout petit bout de ton rêve…*
Éric : *[…]*
Le thérapeute : *Juste une petite chose pour démarrer dès maintenant ton « programme Jordan !… ».*
Éric : *[…]*
Le thérapeute : *Que faisait Jordan à ton âge ?…*
Éric : *Il faisait des shoots… j'ai pas de panneau chez moi !…*
Le thérapeute : *Fais ce qui serait possible !…*
Éric : *[…]*
Le thérapeute : *Un peu de gym ce soir dans ta chambre… te renseigner auprès de tes parents pour une inscription au club… lire les règles du basket dans le dictionnaire…*
Éric : *[…]*
Le thérapeute : *Si tu fais une de ces choses, tu commences à réaliser ton rêve, c'est plus dans ta tête… ça commence pour de bon…*
De séance en séance, nous travaillons avec Éric sur ce « quotidien » de l'incontournable première étape pour

tout projet et puis naturellement nous revenons au scolaire avec des petits défis quotidiens pour « rattraper le français ». Le moyen terme est envisagé, c'est le début pour penser l'avenir.

Accepter la contrainte immédiate

L'effort au quotidien pose le plus problème pour certains jeunes « démotivés ». Il s'agit de leur proposer ce que la plupart d'entre nous faisons lorsque nous appréhendons une tâche frustrante : se projeter dans l'avenir, rêver au long terme et se remotiver ensuite sur le possible immédiat pour entamer une première étape vers ce but. Les séances de musculation de tel sportif ne seront acceptées qu'avec l'objectif de battre tel record ou d'effectuer telle performance. La rédaction quotidienne de tel ouvrage trouve parfois une motivation dans le « rêve » de tel ou tel succès de librairie. Quant aux amateurs de diète, le refus d'un bon dîner est impossible sans le rêve de retrouver un physique idéal pour les plages de l'été prochain !

• Le rétablissement du lien entre un objectif à long terme et les nécessaires contraintes immédiates est incontournable pour briser la démotivation.

« À faire chaque jour »

Cet autre exercice se propose de maintenir une motivation par la visualisation à court et moyen terme d'un objectif, comme l'obtention d'un meilleur score à atteindre dans les matières scolaires. Il favorise aussi une évaluation des progrès, si minimes soient-ils. N'oublions pas cette loi fondamentale pour dépasser les frustrations qu'engendre l'objectif à moyen terme : *toujours valoriser le moindre succès dans une zone d'échec.* Si l'objectif est trop difficile (relever une note de tant de points), il est possible d'utiliser la feuille « objectifs au quotidien » pour démarrer. L'essentiel ici est de *faire*, quelle que soit l'importance de la difficulté. Relever un « zéro » en orthographe de plusieurs points peut être une gageure ; en revanche, travailler un exercice d'orthographe grammaticale, style Bled, chaque soir, reste dans le domaine du possible (ou apprendre des listes de mots courants quotidiennement, revoir les conjugaisons une à une). Il s'agit pour l'apprenant en difficulté de faire ce que le performant a toujours su : tout effort, si minime soit-il, est autant d'avance vers le but à moyen ou long terme, la note dans telle ou telle matière à court terme est la première marche vers l'objectif à très long terme : passer en classe supérieure, choisir telle ou telle option en première, le futur examen, l'éventuel métier.

Il est important de trouver des défis quotidiens réalisables et non de vouloir tout rattraper de façon globale. La plupart du temps, un objectif trop ambitieux est retardé de jour en jour sans jamais la moindre réalisation immédiate. S'attaquer à une matière scolaire « sensible » doit devenir un projet simple avec des étapes quotidiennes.

Redevenir responsable

Il est essentiel pour les parents de confronter certaines croyances de leur apprenant quant à l'impact de la *chance* dans la réussite scolaire ou professionnelle.

EXERCICE « À FAIRE CHAQUE JOUR »

Objectif à moyen terme :
Exemple : passer en classe supérieure.
Votre enfant :
....
....

Objectif à court terme :
Exemple : améliorer mes résultats en français (classe de 6e).
Votre enfant :
....
....

Objectif à court terme :
Exemple : français, obtenir une meilleure note : de 8 à 10/20.
Votre enfant :
....
....

Ce qu'il faut faire dès maintenant :
Exemple : dix minutes de lecture par jour pour le vocabulaire.
Reprendre une règle de grammaire difficile par jour.
Votre enfant :
....
....

Certains enfants se souviennent d'avoir obtenu des bonnes notes sans avoir beaucoup travaillé. La chance doit être envisagée pour ce qu'elle est : totalement extérieure et en dehors de la responsabilité du sujet. Notre but est bien de réattribuer à l'individu ses propres chances de succès *via* ses objectifs, dans un premier temps, et non pas de le renforcer dans ce fameux *locus of control externe* (attribution du résultat de ses actes et de toute responsabilité à l'« extérieur »).

Arnaud, 12 ans et demi ou le « patriote »

Cet élève redoublant de 6e comprenait enfin le lien entre un objectif lointain motivant, le « rêve du rêve » et la réalisation des exercices scolaires le soir à la maison. Comme beaucoup d'enfants démotivés, il m'avait narré ces heures passées à ne rien faire à son bureau. Ses parents croyaient bien sûr que tout ce temps « en chambre » était alloué aux études… Il me disait souvent : « Dès que j'ouvre le cahier de textes, c'est plus fort que moi… je ne peux pas m'y mettre… je regarde ce qu'il y a à faire et puis… j'ai pas envie, ça me barbe… » Nous avons travaillé sur son rêve d'être un « militaire ». « Ça ne semblait guère marcher…, même quand je sais que j'aimerais bien être à l'armée plus tard, j'y repense plus quand j'ouvre le cahier de textes ! » Il fallait donc convenir d'un « truc » pour se rappeler que devoirs ou leçons scolaires étaient avant tout le moyen de passer en 5e, plus tard de ne pas être trop vieux pour passer le baccalauréat et ensuite de s'inscrire à un concours… Il décida de mettre un drapeau tricolore dans sa chambre… J'étais ravi d'apprendre que ce drapeau ne le connectait à aucune pensée nationaliste ou « extrême », mais l'aidait bien au contraire… : « Quand je vois le drapeau, je suis déjà dans un régiment… et puis je vois le cartable… alors je prends le cahier de textes… pour le drapeau… pour mon rêve… »

Conditionnement ou prise de conscience ?

Ne serait-ce qu'un conditionnement des pensées ? Nous supposons, au contraire, qu'il s'effectue un réel déconditionnement des pensées jusque-là automatiques et démotivantes. Au « j'aime pas faire ça… » s'est substitué : « Je le fais, non pas parce que j'aime ça, mais pour aller vers mon projet professionnel… » Dans le schéma ABC, nous obtenons les changements suivants.

Situation 1 : l'enfant est démotivé		
A (situation activante)	**B** (« *beliefs* » ou monologues intérieurs)	**C** (réponses émotionnelles et comportementales)
démarrer le travail scolaire à domicile	« j'aime pas ça… » « ça sert à rien… »	désabusé, démotivé, referme bien vite le cahier de textes, écoute de la musique…
Situation 2 : l'enfant a établi un lien entre l'école et son « futur »		
A (situation activante)	**B** (pensées, monologues)	**C** (conséquences)
démarrer le travail scolaire à domicile	« c'est pour être un militaire plus tard… », une pierre à l'édifice, comme dit le psy	frustré… mais « remotivé » décide d'attaquer le devoir…

Soit le changement cognitif et comportemental qui ne survient qu'avec la prise de conscience chez l'enfant du lien entre l'actuel et l'appréhension d'un « futur ».

Ce sont « ses » objectifs !

Là encore, il est souhaitable, en tant que parent, non seulement de ne pas briser certains projets ou « rêves » par trop de réalisme, mais aussi de ne pas influencer l'enfant par nos propres désirs professionnels inachevés. L'objectif doit être le sien, au risque de décevoir nos attentes vis-à-vis des « enjeux scolaires ». À ce titre, il est indispensable d'avoir une bonne connaissance des goûts et des intérêts de nos enfants (reportez-vous aux pages 81 à 90).

EN RÉSUMÉ

Certes, l'enfant se doit d'être appréhendé dans sa spécificité et non dans son futur « statut social ». Cependant, les élèves démotivés traduisent, dès la classe de 6e et parfois bien avant, une caractéristique commune : l'école n'est liée à aucune réalité présente ou à venir. Aux « à quoi sert l'anglais », « pourquoi apprendre l'histoire ? » « j'aime pas le français », « on perd son temps en classe ! » doit se substituer un rapport au futur pour telle activité, tel métier, tel loisir. Savoir confondre l'apprentissage immédiat à des objectifs à moyen et long terme est un atout que beaucoup d'enfants motivés ont intégré dès leur plus jeune âge. Pouvoir réduire l'avenir à de petites tâches quotidiennes simplifie, dynamise et favorise la compréhension du pourquoi des apprentissages.

Reprendre petit à petit des lacunes scolaires dans le court terme réconcilie avec le futur tant l'obstacle retrouve des proportions acceptables.

QUE DIRE, QUE FAIRE, SI VOTRE ENFANT N'A PAS D'OBJECTIFS ?	
Quand il dit (dans les classes primaires) :	« C'est embêtant tout ce qu'il faut apprendre !... »
demandez-lui :	« À quoi cela peut-il servir pour maintenant ou plus tard "tout ce qu'on te demande" ? »
Quand il dit (classe de 6e ou 5e) :	« Ça sert à rien ce que le prof nous demande !... »
demandez-lui :	« Alors, que pourrais-tu en faire pour plus tard ? »
Quand il fait :	des leçons trop vite apprises des devoirs au dernier moment un temps de travail scolaire à la maison minimal
rappelez-lui :	ses « rêves » pour le futur, professionnel ou non, le lien entre le quotidien, l'objectif à court terme et ses objectifs à long terme.
Quand il « bloque » :	opposition au contenu scolaire attitudes d'impuissance, de dévalorisation ou de refus
proposez-lui :	de retravailler l'exercice « objectifs », redonner un but à ce qui semble sans intérêt.

Chapitre 8

Comment votre enfant peut apprendre à gérer son temps

Se fixer un objectif est la pierre angulaire de la motivation, gérer son temps en constitue la première étape. Il existe un point commun chez tous nos démotivés : aucun temps de travail n'est régulier, aucune routine scolaire à la maison n'est consacrée aux nouveaux apprentissages. La plus grande confusion règne ; à la question « quand travailles-tu à la maison ? » nous n'obtenons pour réponse que des : « je travaille quand il y a quelque chose à faire… », « il y a des sujets qui prennent trop de temps », « je suis meilleur au dernier moment », « s'y prendre à l'avance ne sert à rien », « je n'ai jamais le temps de tout faire », « j'ai beaucoup d'autres activités… », « le week-end est fait pour se reposer… ».

La différence est, une fois de plus, très grande entre les exigences du primaire et celles de la classe de 6e. Cependant, les élèves les plus motivés savent véritablement gérer le temps d'apprentissage scolaire à la maison. Tous ont acquis un rythme pour les devoirs et leçons : des dix minutes quotidiennes au CP pour parfaire la lecture, à la quarantaine de minutes en CM1, pour une bonne heure régulière en 6e (du lundi au samedi inclus), ce minimum est souvent demandé par les enseignants et réalisé par la moyenne des élèves qui suivent normalement.

Pour les élèves en difficulté, nous avons une nouvelle certitude : aucun n'est réellement capable de dire dans un premier temps combien d'heures hebdomadaires sont attribuées au travail scolaire à domicile, ni la quantité de travail normalement prévue pour tel ou tel niveau de classe.

Aurélien, 12 ans, élève de 6e
ou le « j'écoutais en classe, ça suffisait... »

Le thérapeute : *Ça suffisait ?...*

Aurélien : *Je comprenais quand j'écoutais... j'avais pas besoin d'apprendre mes leçons !... d'ailleurs, dans l'ensemble, j'avais de bonnes notes !...*

Le thérapeute : *Cette année, ça ne marche plus... écouter ?*

Aurélien : *Y a plus de trucs à apprendre et les profs demandent plus... ça suffit pas de participer.*

Le thérapeute : *Que fais-tu désormais ?...*

Aurélien : *J'apprends à la maison... faut bien...*

Le thérapeute : *Comment tu t'y prends ?... combien de temps ?...Et de découvrir que le travail à la maison est réduit à une vingtaine de minutes au mieux quand il y a « urgence » pour le fameux DS. Il n'existe aucun rythme quotidien, Aurélien travaille par petites touches, rien de jamais régulier. Il le reconnaît, il n'a jamais passé plus de cinq minutes pour ses devoirs à la maison quand il était au primaire, mis à part quelques occasions exceptionnelles. Le lien « quantité de travail et résultats » n'était pas construit. Ce que demandaient les enseignants de 6e le dépassait : des quelques minutes du primaire à une « bonne heure », le pas à franchir lui semblait insurmontable... il nous fallait tout reprendre à zéro pour une réelle gestion du temps d'étude à domicile.*

Évaluer le temps de travail à la maison

Une première évaluation est utile pour appréhender la gestion du temps. Nous demandons à l'apprenant de remplir l'exercice « Travail scolaire maison ». Il doit indiquer le nombre d'heures passées pour les « tâches à la maison », les « activités de loisirs », les « activités d'étude » en dehors des horaires scolaires. Pour établir une comparaison entre le temps réservé aux études et celui accordé aux autres activités, il est souvent nécessaire de préciser les exigences moyennes de quantité de travail à la maison selon les classes. La liste ci-dessous n'a qu'une valeur indicative et aucunement statistique, mais elle traduit la « moyenne » du temps passé sur les devoirs à la maison selon de nombreux témoignages d'enfants pas si « intellos » que cela... des élèves traditionnels...

LA MOYENNE DU TRAVAIL SCOLAIRE QUOTIDIEN À LA MAISON

CLASSE	CHAQUE JOUR	LE WEEK-END
CP	une dizaine de minutes	10 minutes
CE1	une vingtaine de minutes	20 minutes
CE2	une trentaine de minutes	30 minutes
CM1	trois quarts d'heure environ	45 minutes
CM2	trois quarts d'heure environ	45 minutes
6^{e}	une heure environ	une heure

C'est trop ! ou encore l'intolérance aux frustrations

Le tableau qui précède représente le temps moyen que passe l'élève « performant » à son travail à la maison. En prenant connaissance de cette information, beaucoup d'enfants « non performants » se découragent ou réfutent les données. Jusqu'ici, ils accordaient un minimum de temps personnel pour les études, partant du principe que les journées saturées de cours suffisaient amplement. Pour beaucoup d'autres, une croyance irrationnelle persiste : les bons scolaires n'ont pas besoin d'autant de travail pour réussir, les « têtes » travaillent peu.

Devant ces attitudes et ces croyances, l'adulte doit réagir en insistant sur la réalité de la fameuse formule d'Edison : « Réussir, c'est 10 % de talent pour 90 % de travail » (ou 10 % d'inspiration pour 90 % de transpiration). Le caractère « moral » du sens de l'effort importe, mais n'est pas l'objectif premier. L'enfant doit avant tout acquérir dès le plus jeune âge un rythme de travail à la maison, une véritable *habitude* qui deviendra plus tard simple routine.

Après avoir réalisé le premier exercice de gestion du temps et pris note des quantités horaires exigées selon les classes, demandez à votre enfant de remplir le tableau suivant.

LE TRAVAIL SCOLAIRE HEBDOMADAIRE À LA MAISON ET LES AUTRES ACTIVITÉS	
Total « tâches à la maison »	heures
Total « activités de loisirs »	heures
Total « activités d'étude »	heures
Total minimal d'étude recommandé (par semaine) ..	heures

Ce tableau peut aussi être utilisé pour aider certains enfants à prendre conscience que non seulement nous sommes loin du compte en ce qui concerne le temps d'étude, mais aussi pour le temps donné aux aides ou tâches ménagères. Très souvent, les activités de loisirs l'emportent, et les heures accordées au travail scolaire ou tâches « maison » sont parallèlement très faibles. Pour les attitudes *d'intolérance à la frustration,* il convient parfois de reprendre la gestion du temps pour non seulement diminuer le temps de loisirs, mais aussi imposer des heures de « travail » pour le milieu familial.

« Ça m'a gâché mon mercredi ! »

Le thérapeute : *Tu avais l'air furieux quand je parlais à tes parents !*

Paul : *Ils sont bien d'accord avec vous…*

Le thérapeute : *J'ai appris que tu avais désormais des choses à faire à la maison et régulièrement, tous les jours…*
Paul : *Je ne peux même plus regarder la télévision quand je veux !…*
Le thérapeute : *Ils m'ont dit que tu avais aidé à ramasser les branchages dans le jardin.*
Paul : *Je ne vois pas à quoi ça sert pour l'école… Ça m'a gâché ma journée !…*
Le thérapeute : *Et les devoirs faits à l'avance… bravo !…*
Paul : *Comme ça, il y a toujours quelque chose à faire pour l'école, c'est malin !*
Le thérapeute : *Ça t'a gâché toutes tes journées ? Ça n'a servi à rien ?…*
Paul : *Vous voulez dire la bonne note à la rédaction ?… Mais ça m'a tout de même gâché mon mercredi !…*
Le thérapeute : *Et la télé, ça gâchait rien du tout ?…*
Paul : … (dans un silence défaitiste).

Les parents et la frustration…

Quand la protestation des enfants est centrée sur la « vie de bagne » des performants et l'irréalisme du temps attribué aux frustrations, il est souhaitable d'y répondre par notre propre gestion du temps « adulte » (quel temps exigé par la profession, la maison, le loisir, etc.). Si, par malheur, notre propre gestion est centrée sur le loisir (ce qui peut être le cas), il est recommandé d'y réinclure quelques heures de « frustration ». Si cela s'avérait impossible, il semble difficile d'imposer à l'enfant le « fais ce que l'on te dit, ne fais pas ce que l'on fait... ». Les parents d'élèves performants, sans être pour autant des adeptes de la souffrance ou de contraintes quasi monacales, montrent eux-mêmes une grande discipline dans leur répartition du temps entre plaisir et frustrations inévitables. Et puis, si cet équilibre entre les loisirs et les contraintes quotidiennes nous pose problème, nous pouvons partager notre difficulté avec les enfants et nous témoignerons ainsi d'une grande authenticité.

POUR NOUS AUSSI, PARENTS, C'EST DUR !

Montrons-leur qu'au « le soir chez moi, c'est les pieds sous la table !... » (nous sommes humains et notre propension au plaisir n'a rien d'anormal, nous désirons tous éviter le plus possible de contraintes), à la règle « hors profession, maison = farniente », nous pouvons substituer un « pour moi aussi c'est difficile... » (décidant de reprendre une tâche que nous cessons de différer).
Ainsi, nous renforçons la règle proposée à nos non-performants : « hors profession (hors école), maison, réalité = partage entre plaisir et frustrations ! »

Établir des priorités

En fonction des écarts constatés entre temps normalement alloué aux études et temps effectivement réalisé, il est bon d'établir des priorités : est-ce le temps « travail scolaire » qui doit être augmenté selon son objectif à moyen et long terme ou bien est-ce le temps « loisirs » qui doit être maintenu pour un objectif sportif ou artistique futur ? La finalité est d'être en accord avec le but poursuivi et non pas de poursuivre les études avec un minimum de contraintes horaires.

Une fois la décision prise de mieux gérer son temps, il est utile de le visualiser sur un emploi du temps hebdomadaire.

EMPLOI DU TEMPS APRÈS L'ÉCOLE							
	LUNDI	MARDI	MERCREDI	JEUDI	VENDREDI	SAMEDI	DIMANCHE
16 h 00							
17 h 00							
18 h 00							
19 h 00							
20 h 00							

Cette démarche permet d'évaluer ce qui peut et doit changer : pas question de supprimer telle ou telle activité sportive ou musicale, mais, si le temps imparti est trop important, une décision devra être prise à moyen et long terme. Beaucoup de jeunes enfants sont inscrits dans de trop nombreuses activités, et trouver un temps d'étude à la maison relève de l'exploit. Là encore, et sans tomber dans le « tout pour l'école », il faudra établir des choix si l'enfant présente des difficultés scolaires. Toujours au regard des « performants » (ce qu'ils sont agaçants !), il est rare de constater que les temps d'activités extrascolaires dominent la semaine.

Les petits génies qui soi-disant mènent tout de front doivent nous adresser un courrier pour une éventuelle rencontre, nous ne les avons jamais rencontrés !

Mieux répartir le travail à la maison

Pour mieux cerner les problèmes de répartition du temps de travail, nous utilisons l'exercice *diagramme* ou *New York* selon l'expression d'enfants qui voyaient dans chaque répartition de temps un « gratte-ciel ». Il s'agit de marquer quotidiennement le temps alloué à telle ou telle matière : ainsi, avec différentes couleurs attribuées aux matières, il devient aisé d'évaluer la quantité de travail fourni.

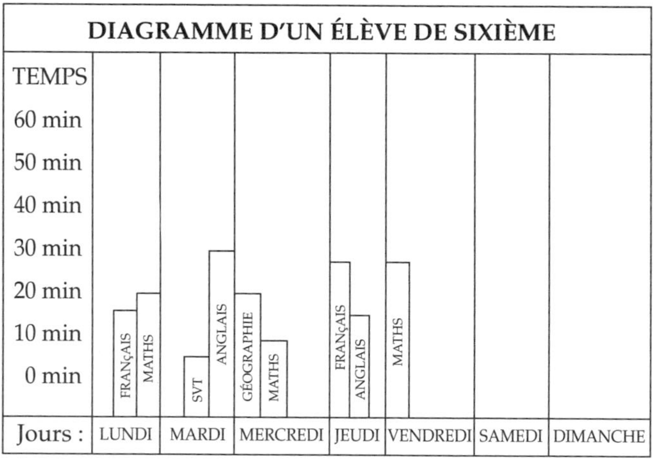

Les premiers emplois du temps hebdomadaires « diagramme » soulignent les disparités et la mauvaise répartition des forces au regard des matières à travailler en priorité. Dans l'exemple ci-dessus, la mauvaise répartition de l'effort quotidien est typique : les gratte-ciel « dominants » traduisent le travail effectué au dernier moment, la veille d'un DS ou de la remise d'un devoir. Aucune matière n'est envisagée quotidiennement, tout est fait dans *l'urgence*. Ce diagramme permet de visualiser l'absence de temps « en avance » et celle d'un temps accordé au « retard » (pour rattraper certaines lacunes).

L'opération anti-« New York » ou comment harmoniser la répartition du temps de travail alloué à chaque matière

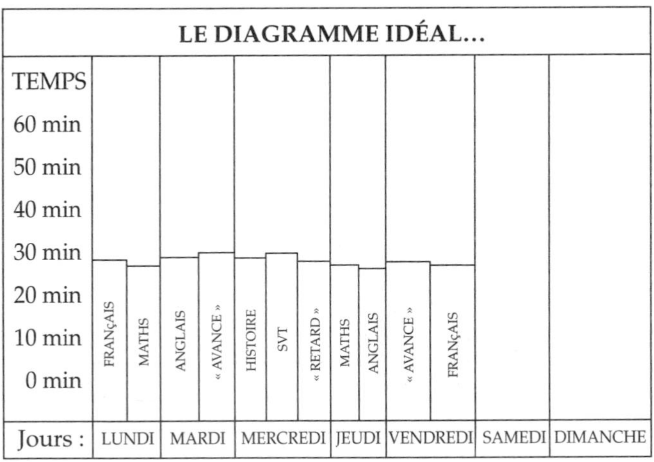

Désormais « temps avance » et « temps retard » feront partie des obligations de ces nouveaux horaires. Comme nous le voyons dans le diagramme « idéal », un bon emploi du temps (en dehors des imprévisibles) signe une répartition quasi étale entre les matières les plus importantes. Quant aux matières les plus en difficulté, nous les retrouvons dans le temps « retard » et ceci quotidiennement. Nous appliquons déjà le principe d'une répartition de l'effort par petites couches successives, bien plus rentable qu'une dose massive de travail ou bachotage ; c'est la technique du « salami » ou comment saucissonner le temps de travail en petites séquences pour éviter les indigestions scolaires.

Apprendre à planifier

Toujours selon le même principe suivant lequel il faut établir des étapes pour éviter de travailler dans l'urgence, l'enfant doit planifier tout travail « long » demandé par les enseignants (devoir, enquête, dossier). Ces emplois du temps ou « planifications » ont pour but d'aider l'élève à évaluer la quantité d'heures requises, à savoir les répartir pour éviter les urgences, à savoir franchir les étapes une à une au lieu d'expérimenter l'angoisse du « tout reste à faire » la veille de l'échéance finale.

Cette gestion du temps, comme la « fixation d'objectifs » sont les bases mêmes de la réussite scolaire : comme deux faces d'une même médaille, les aspects « pourquoi » et « comment » sont incontournables.

COMMENT ANALYSER UNE TÂCHE ET LA PLANIFIER

Exemple : devoir de français remis le 21 septembre, à faire pour le 3 octobre

L'analyse : décomposer en différentes étapes
Étape 1 — Vérifier que le sujet est bien compris.
Étape 2 — Utiliser les sources d'informations : documents, dictionnaire.
Définir les mots clés.
Étape 3 — Rechercher d'autres informations dans d'autres documents ou parler du sujet avec un adulte.
Étape 4 — Faire un plan pour la rédaction : du brouillon à la copie définitive.
Étape 5 — Commencer à rédiger.
Étape 6 — Rédaction de la plus grande partie du travail.
Étape 7 — Fin de la rédaction et relecture.

La planification

N° étape	Temps nécessaire	Date limite pour commencer
1 = Compréhension du sujet	10 minutes	21 septembre
2 = Les mots clés du sujet	15 minutes	22 septembre
3 = La recherche d'informations	15 minutes	23 septembre
4 = Plan de rédaction	10 minutes	26 septembre
5 = Début de rédaction	20 minutes	28 septembre
6 = « Grande rédaction »	40 minutes	30 septembre
7 = Fin de rédaction et relecture	30 minutes	1er octobre

Le principe est donc de « tronçonner » un devoir en autant de petites étapes plus faciles à réaliser. L'objectif est d'attaquer tout de suite le travail et d'accepter un rythme quasi quotidien pour éviter la spécialité des « non-performants » : accumuler toutes les étapes dans les deux derniers jours avant l'échéance pour ne pas dire « tout faire la veille ! »

EXERCICE « ANALYSE DE TÂCHE ET PLANIFICATION* »

Un devoir de..., classe de...
DEVOIR : Remis le : ... À faire pour le : ...

Étapes

Il est possible de créer autant d'étapes que nécessaire.
Étape 1 — Vérifier que le sujet est bien compris.
Étape 2 —
Étape 3 —
Étape 4 —
Étape 5 —
Étape 6 —
Étape 7 —

Gestion du temps

N° étape	Temps nécessaire	Date limite pour commencer
1 = *Compréhension du sujet*	15 minutes	
2 =	minutes	
3 =	minutes	
4 =	minutes	
5 =	minutes	
6 =	minutes	
7 = Fin travail et relecture	minutes	

* À faire par votre enfant.

Tout apprentissage est une « situation problème »

« Il est lent… » Une autre façon de bien gérer son temps est d'appréhender l'impulsivité mentale ou « cognitive » et son importance dans toute difficulté d'apprentissage. Prenons le schéma ci-dessous.

LES ÉTAPES DE L'APPRENTISSAGE

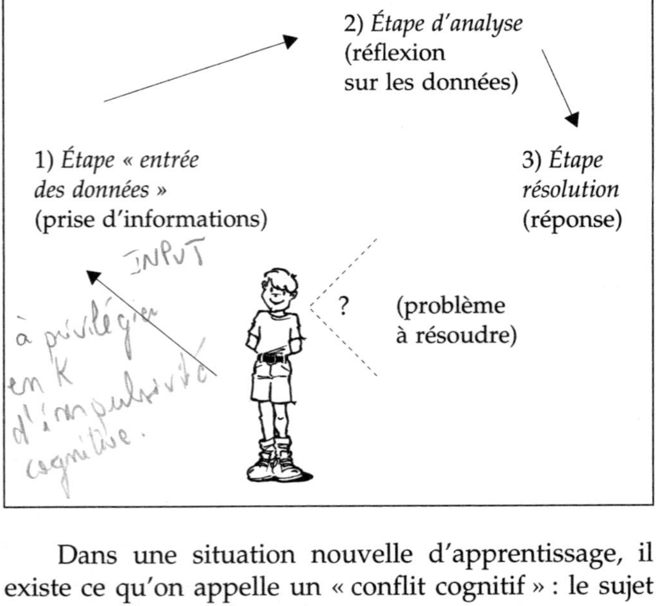

Dans une situation nouvelle d'apprentissage, il existe ce qu'on appelle un « conflit cognitif » : le sujet est en déséquilibre devant les données ou les connaissances jusque-là ignorées. Ce moment de déséquilibre est souvent refusé par les enfants « non performants ».

Dans le cadre de son modèle général du développement de l'intelligence, J. Piaget soulignait cette nécessaire accommodation au réel dans tout processus d'équilibration majorante. Pour le dire plus simplement, le savoir acquis est souvent bouleversé par une nouvelle réalité des apprentissages, et ce que l'on croyait jusqu'ici intégré, compris, se trouve de nouveau bousculé. Quelle est la réaction de notre « performant » devant ce « conflit cognitif », le déséquilibre ou le questionnement, devant l'incertitude ? Il prend le cheminement indiqué sur le schéma vers les flèches 1-2-3 ; il n'évite aucune des trois étapes (celles-ci sont empruntées à l'intelligence artificielle), il a su redécomposer la résolution de problèmes en phases indissociables.

L'« entrée » des données ou l'étape essentielle

La première étape, la plus fondamentale, est cette intégration des données, la prise d'informations ou *input (étape 1 du schéma)* pour reprendre le langage informatique. Comment analyser, raisonner quand les informations ne sont pas intégrées ? C'est pourtant la manière de faire de nos élèves en difficulté : beaucoup d'entre eux essaient d'éviter le « conflit du nouveau » en tentant de retrouver immédiatement une comparaison avec un précédent savoir-faire. Dès lors, l'essentiel n'est pas d'inventorier les données, de les intégrer, d'évaluer, de repérer les informations pertinentes, mais de les inclure dans des schémas de compréhension déjà existants (processus d'assimilation au sens piagétien). En clair, le sujet « impulsif » est victime de sa volonté de résoudre immédiatement le problème ou exercice. Dans sa quête du résultat immédiat, il passe en *étape 2 du schéma*, la phase dite *d'analyse*, la mise en route de la pensée, mais sur quoi ? Que peut faire le disque dur d'un ordinateur sans logiciels… D'où cette impression consternante des parents que leur enfant commence le travail de raisonnement ou d'analyse sur *rien*. Aux questions : « Pourquoi fais-tu cela ? » « Qu'as-tu compris du sujet ?… » « Pourquoi te demandent-ils cela ? » nous n'avons pour réponse que les : « J'y comprends rien… », « Je vois pas le rapport avec ce qu'on a vu… » ou l'insupportable : « C'est facile… je sais. »

Luc l'impulsif… (fin de CM2)

Non seulement Luc n'accordait que très peu de temps au scolaire à la maison, mais il souffrait lui aussi de cette « impulsivité mentale ». Il avait toutefois accepté de remettre de l'ordre dans l'emploi du temps de la semaine et supprimé un bon nombre de « sorties copains » avant le dîner et autres activités « mangeuses de temps ». Tout s'était fait par petites doses, il n'était pas question de lui proposer tout de suite la quantité de travail voulue, il lui fallait retrouver progressivement cette exigence. Il commença par un quart d'heure régulier sur six jours, puis vingt minutes, etc. Nous devions le « freiner », il voulait plus, mais nous savions que les changements radicaux résistent mal au temps. Son deuxième trimestre s'annonçait meilleur, les résultats ressentaient quelque peu cette plus grande implication à la maison… et puis un jour un Luc tout démotivé par une « sale note en français » et les commentaires sur la copie : « Tu ne lis pas ton sujet… il s'agissait des vacances d'hiver, pas d'un rapport sur le ski ! ! »… et Luc de ne rien comprendre : « Après tout ce que j'ai fait… comme vous l'aviez dit… d'abord j'ai rempli votre fiche sur les "étapes", j'avais tout bien fait… et puis la sale note… c'est bien la peine… »

Le thérapeute : *Tu as procédé étape par étape… la première t'a pris beaucoup de temps.*

Luc : …

Le thérapeute : *Tu sais, l'étape de compréhension du sujet !*

Luc : *J'avais compris… Les sports d'hiver, je connais !*

Le thérapeute : *Elle te demandait d'écrire quoi sur les sports d'hiver ?…*

Luc : *Je sais plus… un truc qu'il fallait voir avec les sports d'été…*

Le thérapeute : *Et tu n'as parlé que de…*

Luc : *Je sais… de ski…*

Le thérapeute : *Et le sujet te paraissait…*

Luc : *Facile…*

Le thérapeute : *Et tu as démarré ?*

Luc : *Tout de suite… je sais… comme le TGV… du départ à l'arrivée mais j'ai pas vu toutes les gares.*

Nous tentions de lui faire prendre conscience du rapport entre cette sensation de facilité au départ, le « Euréka, j'ai compris » et l'impossibilité de voir tous les détails, de prendre toutes les informations pour la future réflexion et plus tard la rédaction pour un devoir de français. Il fallait pallier l'absence de « déséquilibre », remplacer le « je sais… » par : « Pourquoi ce sujet ?… Existe-t-il des pièges ? Que veut l'enseignant ?… Quel est le lien avec ce que l'on fait en classe ?… Comment prendre des informations ailleurs ? »

Être lent pour devenir rapide !

Une chose est certaine, si la plupart de ces élèves recherchent un résultat immédiat et donc un gain de temps (certains fonctionnent directement *en étape 3*, du problème rencontré ou réponse immédiate au stimulus), leur comportement obtient le résultat inverse : les données sont mal intégrées, l'analyse et le faire se révèlent inefficaces, une tentative rapide de retour vers les données surgit ; puis de nouveau l'essai de compréhension avec réalisation et ainsi de suite : le tout se traduit par des allées et venues entre les étapes 1, 2, 3 puis 1 à 3 et 2 à 3, puis 1 à 2, sans jamais se donner le temps exigé pour l'étape 1. La conséquence est un temps beaucoup plus long de réalisation (lorsqu'elle est effective !), notre sujet se déconcentre, se décourage et obtient un résultat certain : *il devient lent pour avoir été trop rapide !*

Corriger cette « impulsivité cognitive » devient une priorité avec un résultat quasi immédiat : le temps nouvellement imparti à l'étape « ENTRÉE » (temps plus long à un niveau 1) se traduit par un gain de temps total très significatif, environ trois fois moins de temps pour l'analyse et la réalisation, lorsque l'on accepte cette incontournable perte de temps au moment de la prise d'informations. Ce gain total de temps devient vite un « renforcement » pour les élèves qui ne veulent changer leurs attitudes qu'après évaluation de ce que cela va rapporter.

GAGNER DU TEMPS AVEC LA GESTION DE L'« ENTRÉE »

Nous demandons à l'élève de noter le temps qu'il met à lire une instruction, à intégrer les données d'un problème et le temps de la réalisation ou résolution.
TEMPS « ENTRÉE des données » : 5 minutes.
TEMPS DE RÉALISATION : 30 minutes.
Il lui faut dans un second temps noter le critère pertinent* autour duquel toute l'analyse, la réflexion et bien sûr la réponse vont se construire.
CRITÈRE PERTINENT DU PROBLÈME :
TEMPS « ENTRÉE » pour la recherche du critère pertinent : 15 minutes.
TEMPS DE RÉALISATION : 15 minutes.
À chaque fois que l'élève fera cet effort de recherche de l'information essentielle, il verra que son temps de réalisation diminue et devient plus efficace. *A contrario*, une prise d'informations trop rapide augmente non seulement le temps de réalisation mais les risques d'erreurs et d'échec.

* L'information essentielle, selon l'expression de R. Feuerstein.

Luc « freine »

Nous reprenons un texte de français avec Luc. Le but est bien précisé : je n'évalue pas ses capacités, je sais qu'il est intelligent, je souhaite le voir « concasser » une information, extraire les données les plus « pertinentes », essentielles, celles qui lui permettront de mieux comprendre ensuite la pensée de l'auteur et qui tout naturellement favoriseront les bonnes réponses aux questions de l'enseignant. Nous lui demandons de lire le texte dans un premier temps pour le « comprendre à peu près dans la tête » puis nous exigeons une deuxième lecture mais avec le Stabilo jaune… Il lui appartiendra de souligner les phrases qui lui paraissent importantes. À cette étape, beaucoup de mots sont surlignés en jaune… puis une troisième lecture pour comparer toutes les phrases jaunes et sélectionner avec le Stabilo vert les mots clés ; lors d'une dernière lecture, la comparaison des mots « verts » doit lui permettre d'extraire les mots les plus « pertinents » avec le Stabilo rouge…

L'essentiel est avant tout d'intégrer le processus du ralentissement volontaire de la lecture avant tout travail de réflexion ou de compréhension… Luc : « D'accord… mais ça prend du temps… » Luc, l'habitué du PC parental qui navigue déjà sur le Web à grande vitesse… ou qui excelle en jeux CD-rom avec une réalisation fulgurante, va apprendre à être « lent » : toute une rééducation…

CONTRÔLER L'IMPULSIVITÉ MENTALE

Matière : ....

	Lecture des consignes	Recherche des informations essentielles, « pertinentes »	Réalisation
Temps passé	....	....	....

EN RÉSUMÉ

Nous l'avons compris, il est nécessaire de vérifier la bonne répartition du temps alloué au « travail à la maison » pendant la semaine. Cette règle doit être flexible et, s'il arrive un événement exceptionnel, l'emploi du temps prévu s'en trouvera bien entendu changé, mais il faudra réinclure le temps déplacé dans l'emploi du temps hebdomadaire suivant.

Une de nos habitudes culturelles est de répartir le travail scolaire à la maison avant et après le dîner. Cette façon de faire ne doit pas être intangible : certains enfants sont plus du matin que du soir et cela mérite évaluation de la part des parents. Si la régularité quotidienne du temps de travail alloué est incontournable, le moment précis, matin ou soir, doit inclure la variable « efficacité ».

Il est non seulement souhaitable de gérer son temps mais aussi de le rendre plus efficace. Les « non-performants » souffrent souvent d'une « impulsivité cognitive » (mentale) qu'il faut confronter en stoppant les analyses rapides ou pseudo-compréhensions immédiates.

Gérer son temps, c'est :

— Un équilibre entre loisirs et travail à la maison.
— Accepter un minimum de temps quotidien pour l'école.
— Anticiper les futurs devoirs et leçons.
— « Couper » les tâches en fixant des étapes.
— Saisir les informations essentielles avant réalisation.

Chapitre 9

L'élève anxieux

Comportements et « tempéraments »

Le comportement humain, l'« attitude » sont liés aux interactions entre le vécu psychologique propre du sujet, son expérience familiale, environnementale, socioculturelle et son potentiel génétique. Nous n'évoquons ici ni la dimension physiologique ni la dimension sociale de l'anxiété. Certains tempéraments semblent favoriser les comportements d'inquiétude, l'anxiété, mais cette prédisposition biologique, si tant est qu'elle puisse être prouvée, nous intéresse dans sa possible actualisation, lorsqu'elle interagit avec l'environnement immédiat. Le psychologue, le parent et tous les médiateurs s'intéressent avant tout à ce qui peut stimuler positivement un potentiel. Tel ou tel incident, telle ou telle attitude « éducative » peuvent entraîner telle ou telle réponse comportementale et émotionnelle. L'objectif n'est pas de nier le possible « inné » mais de s'efforcer de le rendre « adéquat ». Il en sera de même pour toutes les « confrontations » ou « remédiations » éducatives que nous qualifierons d'attitudes « appropriées ».

Vers un « émotionnel » adéquat

Notre souhait est qu'un « tempérament » anxieux devienne « inquiet » (conséquence émotionnelle négative adéquate) et non « angoissé » (conséquence émotionnelle négative inadéquate), qu'un tempérament profondément dévalorisé devienne « frustré » (émotion négative adéquate) et non « dépressif » (émotion négative inadéquate), qu'un tempérament intolérant aux frustrations devienne « énervé », irrité (émotion négative adéquate) et non colérique, omnipotent (émotion négative inadéquate).

Ce concept d'adéquation ou d'inadéquation émotionnelle n'est pas un jugement de valeur. Seules sont évaluées les conséquences comportementales qu'entraînent les émotions. C'est le principe de l'accommodation à la réalité. Ainsi, l'angoissé ne peut plus agir et l'inhibition devient reine, alors que l'inquiet s'accommode plus facilement aux exigences de la réalité. Il en est de même pour le dépressif qui inhibe son lien au réel, alors qu'une phase « déprimée » ou triste peut se révéler créatrice et source de nouveaux changements. Quant aux attitudes d'intolérance aux frustrations, nous connaissons tous le rôle dévastateur de la colère, de la procrastination, de la demande omnipotente. Celui qui accepte une certaine réalité, avec son jeu de nécessaires contraintes, sait les dépasser et rebondir vers des satisfactions « post-frustrations » plus grandes qu'il ne l'aurait imaginé. Il n'y a rien de masochiste dans tout cela.

L'attitude anxieuse, une définition

Nous rejoignons M. Bernard dans sa description. Le « type anxieux », « dépendant », est très opposé à faire des choses seul. Enfant, il restait agrippé à ses parents et leur posait d'innombrables questions, les sollicitait beaucoup. Les anxieux sont très sensibles à l'image que l'adulte a d'eux et craignent de faire des erreurs. À l'école, ils se reposent trop sur les enseignants, ne cessent de leur montrer ce qu'ils font, posent trop de questions. Ils ont un extrême besoin d'approbation de l'autre et échouent lorsqu'il s'agit de développer l'indépendance à entreprendre des tâches dures ou nouvelles.

Romain, 8 ans ou le stress de la classe

Les parents demandent une consultation sur les conseils de leur médecin généraliste. Romain souffre de nombreuses psychosomatisations, en particulier de maux de tête, il s'endort très tard le soir, et tout cela intervient surtout en « période scolaire ». Romain est très tendu pendant l'entretien, il quête constamment le regard des parents, évite le mien au maximum… Il semble acquiescer au témoignage parental.

« Le drame a commencé avec la soustraction : avant il angoissait déjà beaucoup dès qu'il avait quelque chose de nouveau à apprendre… mais la soustrac-

tion ! ! !... Il n'y arrive pas tout de suite... Je tente de lui expliquer, mais il se met tout de suite à pleurer... Il dit ne rien comprendre, qu'il n'y arrivera pas... C'est toujours comme ça... Quand ça ne marche pas tout de suite, il craque. »

Les parents me précisent qu'il a les mêmes attitudes devant un sport ou une activité nouvelle, qu'il n'accepte jamais cette étape où cela ne « vient pas automatiquement » et s'effondre quand rien « ne marche comme il veut » et, pour tout ce qu'il fait, c'est la même chose : la demande incessante du « vous avez vu ce que j'ai fait ?... c'est bien ? ».

Sur le « que se passe-t-il en classe ? » j'obtiens les remarques habituelles : « Il dit toujours : M. B. a demandé ça... c'est comme ça qu'il faut faire... il l'a bien dit, ou quand il apprend mal : M. B. ne va pas être content... j'aime pas quand M. B. me dispute... D'ailleurs M. B. le trouve souvent stressé, triste... Il nous a demandé si on mettait la pression côté école. Bien sûr que non, mon mari et moi n'avons jamais voulu en faire un savant... ce qui nous importe, c'est qu'il soit bien. »

J'apprends qu'il n'existe apparemment aucun fait marquant dans leur vie quotidienne depuis sa naissance, le tout ponctué par un : « Vous savez, on n'a pas de problèmes, c'est notre dernier, tout va bien dans la famille !... »

Je reste sur cette réalité et m'enquête de leur attitude quotidienne auprès de Romain : « Que fait-il seul chez lui ? Le stimulez-vous un peu pour faire des choses qu'il évite ?... comme faire des petites courses chez un proche commerçant... ? »

Bien vite, je constate que tout est orchestré à la maison, les enfants prennent peu d'initiatives, ne font pas partie de clubs de loisirs extérieurs... La maman de Romain le reconnaît : « C'est le dernier... je le couve encore, c'est sûr, mais il a l'air si fragile parfois... »

Les pensées anxiogènes

Reprenons notre « fil conducteur ». En tant que parent nous ne pouvons que très faiblement intervenir sur le contenu scolaire, l'enseignant, l'environnement en général. En revanche, il nous est possible de détecter les pensées, les « cognitions » (c'est-à-dire les monologues intérieurs, les petites voix) de nos enfants dans telle ou telle situation scolaire (apprentissages nouveaux, relation à l'adulte intervenant, fréquentations des autres élèves, activités préférées, évitées).

Souvenons-nous des cognitions ou monologues intérieurs de ces enfants : « Je dois réussir sinon que vont-ils penser de moi ?... » « Je dois être parfait dans tout ce que j'entreprends », « Je dois être sûr de moi avant de démarrer une tâche », « La critique m'est insupportable... », « Je me sens bien quand on pense du bien de moi... »

Et des cognitions particulièrement attachées à la scolarité : « Je dois réfléchir vite », « Il me faut plus de temps », « Il faut résoudre mentalement », « Je devrais savoir ça... », « Que va penser l'enseignant ? »

Attitude perfectionniste et anxiété

À l'attitude anxieuse s'ajoute fréquemment une attitude ou un type perfectionniste. Ces enfants sont persuadés qu'il faut être parfait et faire les choses impeccablement pour réussir et se sentir valable. Quand ils imaginent ne pas pouvoir être parfaits dans certains domaines, ils renoncent parfois à accomplir la tâche. De plus, la perte de temps pour « démarrer » est importante puisqu'ils sont constamment effrayés de ne pouvoir tout faire. Le plus souvent, ils réussissent dans les domaines où ils sont habituellement performants.

L'ANXIÉTÉ DE L'ENFANT

Caractéristiques émotionnelles :
— peur de l'inconnu, voire véritables crises d'angoisse avec leur cortège de manifestations somatiques (maux de ventre, de tête, tensions internes),
— personnalité « stressée » (tendue, inquiète, hypervigilante).
Caractéristiques comportementales :
— dépendance,
— manque de confiance en soi,
— estime de soi liée aux résultats et à l'approbation de l'autre,
— peur de l'échec ou prise de risque impossible (avec évitement des situations stressantes).

Ces attitudes entament la « confiance en soi », amplifient le « tempérament anxieux » et submergent peu à peu toute la vie quotidienne de l'enfant et plus particulièrement les situations où il faut croire en soi, en ses capacités : l'apprentissage scolaire.

Évaluez la confiance en soi de votre enfant

Le questionnaire dans les pages suivantes vous aidera à mieux saisir l'émotionnel de votre enfant et cette fameuse confiance en soi, moteur de l'action et de l'accommodation au réel.

QUESTIONNAIRE SUR LA CONFIANCE EN SOI

Nous indiquons entre parenthèses et pour chaque question ce qui peut être considéré comme attitude de confiance en soi = +, et attitude typique d'un manque de confiance en soi = –

	plutôt oui	**plutôt non**
1. Votre enfant a-t-il tendance à se sous-estimer ? (–)		
2. Sait-il évaluer ses « domaines de compétences » ? (+)		
3. Se sent-il nerveux quand il doit rencontrer de nouvelles personnes ? (–)		
4. Aime-t-il tenter de nouvelles expériences ? (+)		
5. Dans un groupe d'enfants, rejoint-il volontiers ceux qu'il ne connaît pas ? (+)		
6. Est-il de mauvaise humeur dès qu'il commet une faute ou une erreur ? (–)		
7. Aime-t-il prendre des risques ? (+)		

	plutôt oui	**plutôt non**
8. Trouve-t-il que beaucoup de choses sont « dures » ? (–)		
9. Sait-il dire non à des enfants plus affirmés ? (+)		
10. A-t-il des « rêves » de métier pour l'avenir ? (+)		
11. Est-il très sensible à ce que pensent ses ami(e)s de lui ? (–)		
12. Vous montre-t-il souvent son travail scolaire ? (+)		
13. Travaille-t-il longtemps sur un devoir à faire à la maison ? (–)		
14. Aime-t-il les sports collectifs ? (+)		
15. Est-il rapidement satisfait d'un travail accompli ? (+)		
16. Se compare-t-il souvent aux autres enfants ? (–)		
17. Fait-il souvent des réflexions comme « je n'y arriverai pas... » ? (–)		
18. Peut-il faire des courses seul ? (+)		
19. Aime-t-il montrer ce qu'il a fait, ou créé, à de nouvelles personnes ? (+)		
20. A-t-il souvent des « somatisations » (maux de tête, de ventre, etc.) ? (–)		

Développez la confiance en soi de votre enfant

Pour créer la confiance en soi, il nous faut désormais évoquer quelques points de repère. Il existe deux attitudes essentielles qu'il est bon de stimuler pour briser l'anxiété sous-jacente : l'indépendance et la prise de risque.

Favorisez son indépendance

L'indépendance est liée à l'acceptation de soi, ce qui implique :

— que l'enfant sait dissocier sa propre valeur des jugements négatifs des autres,

— qu'il sait qu'il est très agréable d'obtenir le consentement des pairs, enseignants et parents, mais que rechercher constamment l'approbation des autres n'est pas un besoin fondamental.

Votre enfant accepte-t-il les critiques lorsqu'il fait des erreurs ou obtient de mauvais résultats scolaires (indépendance) ? Accepte-t-il l'idée que fournir beaucoup de travail et subir des échecs sont parties intégrantes de l'apprentissage scolaire (indépendance) ? « Je n'ai eu que 8 en dictée (élève de CM1), il y a une règle que j'ai mal apprise… des mots qu'il faut que je connaisse… Pierre était meilleur… je vais faire attention… »

Ou, au contraire, pense-t-il que la pire des choses est d'avoir de mauvais résultats et que les « autres » vont avoir une mauvaise évaluation de lui (recherche de l'approbation d'autrui) ? Croit-il que le fait de faire des erreurs provoque le rejet des « autres » (recherche de l'approbation des autres) ? « *J'ai pas eu une bonne note (élève de 6e en pleurs), mes parents vont pas être contents... Le professeur me regarde bizarrement... Les autres élèves me prennent pour un imbécile...* »

Faites-lui prendre des risques !

Pour vaincre le « perfectionnisme » de votre enfant, il est souhaitable de l'inviter à prendre des risques. Une *prise de risque* signifie qu'entreprendre de nouveaux défis et tâches (avec la possibilité de faire des erreurs) est non seulement désirable mais réaliste et nécessaire pour apprendre, alors que la recherche de la perfection est souvent illusoire.

Votre enfant se met-il au travail rapidement devant une nouvelle tâche, sans avoir une connaissance parfaite du sujet (prise de risque) ? Accepte-t-il facilement que l'on ne peut pas tout savoir ou maîtriser dans la vie (prise de risque) ? *Paul me raconte qu'il aime « découvrir » une leçon d'histoire... qu'il est curieux de savoir « plein de choses... ».*

Ou bien, au contraire, croit-il qu'il vaut mieux faire quelque chose après avoir complètement maîtrisé le sujet (perfectionnisme) ? Pense-t-il que cela ne vaut pas la peine de faire tel ou tel travail scolaire au motif qu'il ne sera jamais parfait dans tel ou tel domaine (perfectionnisme) ? *Là, Damien (une classe en dessous au primaire) me dit qu'il « ne sait plus comment faire... tant de choses qu'il faut retenir... qu'il n'a pas le temps de tout voir... ».*

Comment réagir en tant que parents

La première attitude éducative consiste à en finir avec cette idée que la valeur, l'estime de soi de l'enfant, est liée à ses résultats scolaires. Ce n'est pas parce qu'il obtient une mauvaise note qu'il est mauvais. Il s'agit donc de retraduire les faits en comportements et non en traits de personnalité ; c'est le fameux « tu as 2 en maths » mais « tu n'es pas un 2 ». *Dissocier les comportements de la personnalité est primordial pour les enfants de type anxieux*. Ils sont habitués à faire eux-mêmes l'amalgame : je suis bon quand je suis bon élève et mauvais quand j'obtiens de piètres résultats. Non, quel que soit le résultat obtenu, cela n'a pas d'incidence sur l'intégrité et la valeur de la personnalité, de l'identité de votre enfant. Aider son enfant à mieux s'accepter, c'est déjà lui apprendre qu'il possède, comme tout le monde, des bons et des mauvais côtés et qu'un comportement négatif n'est qu'une des facettes de lui-même et ne peut envahir le « tout » de son individualité. Ces enfants doivent cesser de se noter, de se coter, et d'apprécier leur valeur propre au regard des résultats. Une des façons de confronter les croyances de notre enfant est bien entendu, outre la réassurance que telle note n'atteint en rien sa valeur, de lui montrer que nous-mêmes commettons des erreurs et que cela fait partie intégrante du quotidien.

On est faillible !...

Le thérapeute à Damien (élève de CE2) : *Pourquoi ces pleurs ?...*

Damien : *J'y arriverai pas, je comprends pas tout…*
Le thérapeute : *Tout de suite ?*
Damien : *Mon frère, il comprenait tout…*
Le père : *Des fois, ça arrivait… mais souvent il était comme nous… Il fallait du temps…*
Damien : *Et toi aux échecs, tu gagnes toujours…*
Le père : *Parce que j'ai souvent perdu… j'ai appris… ça ne marche pas tout le temps…*
Damien : *Vous* (s'adressant au thérapeute), *vous savez plein de choses…*
Le thérapeute : *… Souvent j'avais du mal en classe… je devais être aidé… on ne réussit pas tout le temps…*
Le père : *Tu vois, lui aussi il est faillible !…*
Damien : …
Le père : *Humain, comme nous… on y arrive, on n'y arrive pas… on essaie de bien faire, des fois ça ne marche pas, c'est pas grave, on continue…*

Stimulez ses objectifs personnels

— Faites émerger ses options, ses goûts, ses centres d'intérêt.
— Évitez de projeter sur lui vos désirs professionnels inassouvis.

Désamorcez les attitudes anxieuses !

— Évitez de trop encourager le moindre fait ou résultat de l'enfant.
— Tentez de le laisser faire seul au maximum : procédure dite de « c'est bien ce que tu fais mais je dois m'occuper ailleurs… ».

— Dédramatisez toutes sortes d'erreurs : scolaires ou dans d'autres domaines.

— Stimulez tous les comportements qui traduisent de l'indépendance.

— Renforcez positivement (marquer l'événement par des gratifications matérielles ou affectives) tous les moindres acquis au niveau d'une attitude indépendante.

— Aidez l'enfant à ne jamais évaluer trop vite ses actions (éviter l'amalgame de ma mauvaise note = je ne suis pas bon dans cette matière).

Aidez-le à vaincre les attitudes perfectionnistes !

— Tentez de montrer les avantages et inconvénients d'un comportement perfectionniste : rapport résultats et efficacité.

— Prenez des exemples de personnages célèbres contemporains ou non qui ont passé de longues années d'efforts avec leur cortège d'erreurs et d'incertitudes avant d'exceller.

— Évaluez avec l'enfant les activités qu'il n'a jamais voulu entreprendre parce qu'il avait peur de ne pas être « très bon ». Essayez de le convaincre de « se jeter à l'eau », même s'il n'est pas sûr du résultat.

— Faites-lui comprendre que ce n'est pas si grave d'être moyen dans une tâche : cela peut être plus « tolérable » que ce que l'on pensait, voire agréable.

— Stoppez les « ruminations » concernant les notes scolaires ; poussez-le à s'engager dans des activités extrascolaires (sports, loisirs).

— Aidez-le à mieux organiser, planifier ses devoirs scolaires : incitez-le à démarrer tel travail très en avance et non pas faire la totalité en une fois : l'essentiel étant plus le processus d'apprentissage que le résultat lui-même.

Nous l'avons vu, *certaines paroles parentales pèsent et interagissent avec les attitudes de nos enfants*. Proposons quelques remarques verbales qui peuvent aider à mieux remettre en cause certaines attitudes dysfonctionnantes chez l'enfant anxieux, voire perfectionniste.

DÉSAMORCER L'ANXIÉTÉ PAR LES MOTS		
Ce qu'un enfant anxieux se dit à lui-même		
situation activante (A)	*pensées de l'enfant* (B)	*émotions comportement de l'enfant* (C)
Résultats scolaires	Ils doivent être constamment bons.	anxiété
	Je dois montrer ma valeur aux parents.	anxiété
Apprentissage scolaire	Je ne dois pas faire d'erreurs.	perfectionnisme
	Je dois tout savoir sur ce sujet.	perfectionnisme
Prendre la parole en classe	Je ne dois pas paniquer.	anxiété
	Je dois être très bon.	perfectionnisme

Le monologue intérieur que vous devez l'aider à entendre		
situation activante (A)	pensée des parents (B)	conséquences émotionnelles et comportementales de l'enfant (C)
Résultats scolaires	Ta mauvaise note ne te ressemble pas. Cherchons à quoi est lié ce résultat médiocre. On va en profiter pour revoir ce qui t'est difficile.	confiance en soi
Apprentissage scolaire	Quelle est la donnée que tu ne comprends pas ? Peut-on tout savoir en une seule fois ? Où as-tu vu qu'on est rapide quand on est soi-disant intelligent ? Quel est l'essentiel de cette leçon ?	acceptation du réel confiance en soi
	L'erreur sert à comprendre, elle est nécessaire au savoir.	prise de risque
Prendre la parole en classe	Parler en groupe rend souvent inquiet.	prise de risque
	On ne plaît jamais à tout le monde.	confiance en soi
	C'est normal d'avoir peur… c'est supportable.	prise de risque

Condamnez l'anxiété par des actes

Plus l'enfant est jeune et plus la confrontation empirique (par le réel) nous paraît appropriée. La confrontation verbale (didactique) est souhaitable mais ne saurait l'emporter sur les actions du quotidien : la véritable accommodation à la réalité est à ce prix. Les entrées en CP et en 6e sont classiquement des étapes très angoissantes pour l'élève anxieux. Nous n'évoquerons pas l'entrée en maternelle, cette première séparation du milieu familial est souvent elle aussi difficile. L'entrée en CP et celle de la 6e sont extrêmement importantes puisqu'elles correspondent à deux moments clés de l'apprentissage : l'acquisition de la lecture et de l'écriture (en CP), l'intégration de nouveaux savoirs et surtout un nouveau rythme scolaire avec de nombreux intervenants adultes et le plus souvent de nouveaux visages (en 6e). Je m'attarderai sur les attitudes de deux couples qui ont récemment travaillé avec moi : tous les deux avaient des enfants, Charles, élève de CP, et Emmanuel, élève de 6e, qui avaient révélé une anxiété très importante dans leurs classes respectives. Les parents ont tenté de mettre en œuvre quelques attitudes nouvelles pour confronter le « stress » de leur enfant.

Charles et Emmanuel, on les « américanise » ?

Les parents de Charles se sont d'abord efforcés de « tenir bon » quand une leçon n'était pas parfaitement apprise, au lieu d'aider leur enfant jusqu'au résultat escompté, ce qui arrivait après un long laps de temps et surtout avec une présence massive de la mère et des pleurs chez l'enfant. La mère de Charles arrêtait la leçon et demandait à son fils d'aller jouer : « Tu es trop fatigué pour faire mieux... tu te rattraperas la prochaine fois... ! » Malgré l'insistance de Charles qui, quelques heures après et dès le lendemain matin au réveil demandait une nouvelle aide pour la fameuse leçon, les parents répondaient : « Écoute, on sait que tu travailles bien, tu fais de ton mieux... c'est pas grave si ça ne marche pas tout le temps... ! » Quand survenait la sanction scolaire, Charles remarquait que la note n'était pas si mauvaise et que ni l'enseignant et surtout ni ses parents n'en faisaient un drame : « Tu vois... vaut mieux bien apprendre mais un enfant ne peut pas toujours tout savoir !... »

Ce genre de comportement parental allié à des défis, pour que l'enfant se prenne plus en charge au quotidien, et à des incitations pour qu'il intègre des activités avec d'autres enfants, permet, dans un premier temps, de stopper les crises de pleurs et surtout d'inverser, en second lieu, les sentiments négatifs vis-à-vis de tout apprentissage en général et cette trop fameuse quête de l'approbation d'autrui ou « ma valeur liée à ce que je fais et à ce que les autres pensent de moi ».

Après plusieurs séances de travail avec les parents du jeune Emmanuel, élève de 6ᵉ, celui-ci semble plus confiant et le dit : « Vous savez, j'arrive à me forcer pour parler en classe, j'ai plus mon mal de ventre comme avant !... » Je me tourne vers les parents et leur demande par quel miracle notre Emmanuel le « dépressif de la 6ᵉ » (certains nous l'avaient dit !...) était sorti de ses problèmes ?...

Les parents d'Emmanuel : *« On a tenté vos conseils... même si, au début, ça nous paraissait trop simpliste... faut l'avouer, il y a un petit côté anglo-saxon dans ce que vous proposez qui n'est pas trop dans nos habitudes. »*

« ... » (Silence du thérapeute habitué à cette confusion entre des conseils éducatifs et une volonté quasi « McDonaliste » d'américaniser nos chers chérubins... le doute devant l'utilitarisme anglo-saxon.)

Les parents (décontractés après cette petite « touche ») : *« Nous n'avions pas l'idée de l'obliger à faire certaines démarches... aller chercher un journal et dire au dernier moment qu'il n'avait pas d'argent... Rapporter une baguette de pain chez le boulanger pour dire qu'il s'était trompé, etc. Tout nous semblait si loin de la réalité de l'école : quel rapport avec son "blocage" pour répondre à un prof ou faire un petit exercice d'expression orale ? En fait, c'est venu de lui, il nous disait (après les "exercices" au bureau de tabac pour le journal ou celui du boulanger) : "C'est vrai que c'est dans ma tête, j'ai quand même moins peur du prof que du boulanger... je manquais d'entraînement !..." »*

Ces « défis » que les parents voulaient bien tenter avec leur enfant avaient pour objectif de non seulement « entraîner » leur enfant à faire des choses inhabituelles, mais surtout à prendre conscience que le comportement est dissocié de la valeur de la personne humaine et en particulier que l'évaluation des autres est sans doute importante mais pas existentielle.

Dans ces deux cas, la réalité nouvelle que stimulent les parents, en remettant en cause les attitudes traditionnelles et en proposant à leur enfant des actions inattendues, s'est attaquée à des croyances jusque-là bien ancrées, à des exigences et des craintes irrationnelles. Les faits démontrent, *a contrario* des croyances ou pensées toutes faites, que le perfectionnisme est facteur d'anxiété (le cas Charles) et que la prise de risque augmente la confiance en soi (le cas Emmanuel).

L'anxiété, c'est « la honte » ?

Être timoré, de caractère anxieux, ne pas avoir confiance en soi est souvent vécu dramatiquement par nos enfants. Ceux-ci sont le plus souvent confrontés à des attitudes offensives de leurs camarades d'école et ce sont bien les comportements affirmés, expansifs, voire extravertis qui sont les plus valorisés socialement. Certains enfants nient leurs difficultés pour gérer les situations nouvelles ou d'apprentissage. Il est parfois nécessaire de les aider à prendre conscience que ce n'est pas une tare mais un handicap sérieux si on ne s'y attaque pas. Le test ci-dessous peut inciter l'enfant à aborder plus sereinement son anxiété. Si votre enfant est anxieux, qu'il fasse ce test tout en sachant qu'il fait partie d'environ 10 % de la population scolaire.

TESTEZ VOTRE ANXIÉTÉ				
	jamais	parfois	souvent	toujours
J'ai souvent des « gargouillis » dans mon estomac en classe.	1	2	3	4
J'ai toujours peur de parler en classe, devant les autres.	1	2	3	4
Mon cœur tape fort quand je récite un poème.	1	2	3	4
Je transpire beaucoup pendant une interrogation.	1	2	3	4
Je ne suis jamais sûr de tout comprendre.	1	2	3	4
Je me dis que je devrais tout comprendre du premier coup.	1	2	3	4
J'ai toujours peur d'avoir des mauvaises notes.	1	2	3	4
Je panique quand je ne sais pas répondre à une question.	1	2	3	4
Avant d'entrer en classe, je ne me sens pas très bien !	1	2	3	4
Je pense que ce serait « affreux » d'avoir un zéro.	1	2	3	4
TOTAL DES POINTS				

Cerclez le chiffre correspondant à la bonne réponse. Si le total est au-dessus de 20 points, il s'agit d'un tempérament anxieux pour les situations dites

« scolaires ». Il traduit la nécessité de combattre cette anxiété pour retrouver une meilleure actualisation du potentiel.

ANXIÉTÉ =
DÉPENDANCE ET PERFECTIONNISME

Repérez les attitudes anxieuses :
— la dépendance ou le besoin d'approbation de l'autre
— le perfectionnisme ou l'évitement de la prise de risque

CONFIANCE EN SOI =
INDÉPENDANCE ET PRISE DE RISQUE

Confrontez les pensées anxiogènes :
— aux « j'aurais dû... il faut... on doit... », « qu'est-ce que tu en penses ?... »
— substituez les « on est faillible », « s'accepter avec ses faiblesses », « la valeur de soi n'est pas liée à l'approbation des autres... »
Stimulez l'autonomie et la prise de risque au quotidien :
— proposez des activités nouvelles pour ne pas « fixer » le scolaire,
— incluez graduellement des expériences difficiles au quotidien.

COMMENT PARLER À UN ENFANT ANXIEUX	
Des attitudes qui peuvent générer de l'anxiété…	**Des réponses possibles…**
J'aurais dû avoir une meilleure note…	Nous sommes contents de ton résultat, nous savons que tu as fait des efforts mais nous t'aimons aussi quand les notes sont moins bonnes.
Viens m'aider, je vais jamais y arriver !	Hier tu avais préparé le repas seul, tu vois que tu peux faire des choses bien tout seul…
J'ai eu 20, je suis bon !	Une bonne note reste une note… ta valeur n'est pas liée à *un* résultat !
J'ai tout vu en biologie.	C'est très bien de faire le maximum à l'école mais as-tu réellement été efficace ? Tu as mis combien de temps ? Aurais-tu pu t'y prendre autrement ?
Je sais toute la leçon…	Tu mets du cœur à l'ouvrage ! C'est important de vouloir savoir beaucoup de choses, de vouloir tout faire, mais es-tu sûr d'avoir retenu l'essentiel ?
J'ai encore du calcul, j'adore ça,… je suis bon.	Très bien, ça me fait plaisir que tu aimes les maths, et si tu pratiquais une activité où tu es moins bon !

Chapitre 10

L'élève qui se dévalorise

On l'a vu, la frontière est bien ténue et souvent artificielle entre les différentes attitudes anxieuses, d'autodépréciation et d'intolérance aux frustrations. Mon souci est avant tout de vous aider à retrouver un fil conducteur afin que vous puissiez évaluer une caractéristique plus marquée chez votre enfant et envisager des réponses. Face à la complexité humaine, il devient illusoire de vouloir appréhender les dysfonctionnements d'apprentissage. Il serait sage de ne pas prendre au pied de la lettre telle ou telle description d'attitude mais de s'en servir pour tenter une approche éducative différente. Ainsi, si une attitude éducative donnée ne suffit pas à réguler tel ou tel comportement anxieux, il sera souhaitable d'approcher les difficultés peut-être sous un angle plus « dévalorisé » ou plus « intolérant aux frustrations » et *vice versa*.

Qu'appelle-t-on un enfant « dévalorisé » ?

Nous verrons dans ce chapitre que de nombreux traits de l'attitude d'autodépréciation ressemblent à l'attitude anxieuse. Il existe cependant une différence : les enfants dévalorisés traduisent des comportements d'autodestruction et d'échec encore plus flagrants. Bien sûr, ces sujets sont hypersensibles au regard de l'autre et ne savent pas prendre des risques, mais ils font totalement l'amalgame entre leurs difficultés d'apprentissage et leur propre identité. En général, il n'y a pas d'issue, toute leur attention et toutes les activités sont malheureusement tournées vers le scolaire. Pas un loisir ou une activité sportive qui pourrait confronter ces sentiments de non-valeur, rien dans le quotidien pour infirmer leur croyance fondamentale : « Je suis nul, un bon à rien... » Dès lors, pourquoi s'accrocher au scolaire, pourquoi entreprendre, risquer ? *A contrario* de l'anxieux, ils ne quêtent plus la perfection, mais cherchent à éviter toute situation d'apprentissage nouveau.

Les sujets « dévalorisés » ne différencient pas leurs comportements de leur personnalité ou de leur identité. Ils ne peuvent dissocier une mauvaise note d'un jugement définitif sur eux. Il en est de même pour les appréciations négatives d'autrui (proche, ami ou enseignant) qui signent, selon eux, un état d'infériorité et de non-valeur. *Le principe de l'amalgame est roi.* Rien n'est relativisé, tout événement négatif vient « logiquement » corroborer les sentiments de non-valeur : ce que j'ai mal fait est bien la preuve de mon incapacité à mieux faire.

Les monologues intérieurs de l'élève dévalorisé se déclinent ainsi : « je suis nul dans telle matière… », « je n'y arrive jamais », « les autres sont meilleurs que moi… », « il faut être doué pour faire ça… », « je n'ai pas le potentiel pour faire ça… », « je n'ai jamais été bon à l'école… », « je ne suis pas une tête… un intellectuel », « c'est trop difficile », « je ne comprends rien… ».

En quoi ces formules se différencient-elles de sentiments anxieux, voire dépressifs ? L'anxiété est le plus souvent liée aux « je dois faire mieux », « que va-t-on penser de moi ? », « je devrais me comporter comme ceci ou cela ». Le sentiment de dévalorisation, avec ses mécanismes d'autodépréciation, se traduit en affirmations beaucoup plus négatives et définitives : « je ne suis pas capable… » (l'anxieux dirait : « je suis bon mais cela va-t-il se passer comme prévu ? »), « je me sens nul… », « je sais ce qu'on pense de moi… » (l'enfant anxieux dirait plutôt : « j'espère qu'on va penser du bien de moi… »).

Nadège est « nulle »

Certains très jeunes enfants semblent submergés par un état dépressif. Nadège, 7 ans, élève de CE1… Elle est amenée à la consultation par sa maman, qui nous décrit les retours d'école catastrophiques de Nadège : « Elle ne cesse de pleurer… Elle dit toujours que les copines se moquent d'elle… puis les leçons… Elle dit qu'elle n'a pas de mémoire… qu'elle est perdue, qu'elle ne peut pas y arriver. » Quand je m'entretiens seul avec Nadège, elle évoque effectivement ses « malheurs » : d'abord les « copines et leurs moque-

ries... », me dit qu'elle a mal là (ventre), qu'elle dort mal, qu'elle mange peu et qu'elle est très triste...
Le thérapeute : *Les copines ?...*
Nadège : *Elles se moquent et disent que je suis toute petite !... (sa taille est réellement un peu en dessous de la moyenne pour son âge). Je sais bien que je suis « nulle »* (les yeux se mouillent...).
Le thérapeute : *Ta maman m'a dit que tu étais sage à l'école, qu'à la maison tu aidais ton petit frère, tu mettais aussi le couvert, ta chambre est bien rangée... J'ai aussi entendu que tu étais très bonne en gymnastique !... Ce sont beaucoup de qualités non ? Je n'entends pas souvent les mamans parler comme ça de leur petite fille !...*
Nadège : *Mes copines se moquent... je suis trop petite... c'est nul.*
Le thérapeute : *Être trop petite (mais tu vas grandir...), pour toi cela efface toutes les qualités ?...*
Nadège persiste et j'assiste à ce fameux amalgame de l'enfant dévalorisé, l'estime de soi tout entière se trouve atteinte par une remarque ou une critique... le « je suis trop petite = toute ma personne est nulle ». Nous commençons par lui conter la métaphore de la corbeille de fruits : « Si tu vois un fruit trop mûr dans une corbeille de fruits, crois-tu que tous les autres seront pareils ?... »
Nadège : *On peut pas savoir...*
Le thérapeute : *Et une corbeille avec de très beaux fruits tout en haut... es-tu sûre que tous seront bons ?...*
Nadège : *On peut pas savoir...*
Le thérapeute : *Un fruit gâté ne dit rien sur l'ensemble des autres fruits et surtout pas si la corbeille est belle ou pas !...*

Nadège : … (avec de grands yeux moins mouillés).
Le thérapeute : *Ta taille aurait donc à voir avec toutes tes autres qualités ?…*
Le travail sur l'« acceptation de soi » peut commencer pour confronter les remarques dévastatrices des petites copines…

Les pensées irrationnelles de l'élève

Bien souvent, ces enfants fonctionnent mentalement avec des erreurs psychologiques cognitives, c'est-à-dire avec des pensées totalement exagérées ou fausses, hors réalité, en tout cas *irrationnelles*.

Notons quelques exemples d'erreurs psychologiques :
— *Une pensée manichéenne du « tout ou rien » :* aucune nuance n'est apportée lorsqu'il s'agit d'évaluer, de juger. Tout est noir ou blanc, jamais de gris. Certains élèves se sentent dévalorisés dès qu'ils n'obtiennent pas le résultat attendu ; certains même se sentent « nuls » s'ils n'ont pas le meilleur résultat ! *(Nadège pense que les remarques des copines la « rendent nulle » dans son entier.)*
— *Surgénéralisation* : un mauvais résultat dans un domaine alimente aussitôt cette croyance : les résultats seront toujours similaires dans ce domaine. *(La mémoire de Nadège est parfois déficiente, sa mémoire n'est donc pas bonne.)*
— *Un filtre mental négatif :* la pensée ne relève que les événements négatifs ou échecs et la mémoire ne garde prioritairement que ces faits-là. Le sujet ne se souvient que des aspects négatifs de sa vie.

(Quand elle se sent diminuée par les critiques des copines, Nadège ne pense plus à tous les autres aspects de sa vie autrement positifs !)

— *Le positif est « disqualifié »* : dans la suite logique du filtre négatif, chaque point, qualité, événement à caractère satisfaisant ou positif est écarté et annulé, jugé comme insignifiant ou « normal », sans intérêt particulier. *(Les compliments d'un prof de gym sur sa souplesse et sa persévérance sont vite oubliés devant les événements que Nadège juge importants.)*

— *La « télépathie » :* ou l'art de lire dans la tête des autres pour deviner des jugements ou propos disqualifiants ou négatifs alors que la réalité est contraire. *(Nadège : « Je suis sûre que toutes les copines se moquent de moi !... »)*

— *Les prédictions :* les anticipations sont toujours négatives et ne tiennent aucunement compte des réalités. Tel événement ou telle personne ne peuvent qu'alimenter les expériences négatives : *« Cela se passera comme ça. » (Nadège à propos d'une leçon de français que nous préparions ensemble : « De toute façon, je m'en souviendrai plus demain » ou sa certitude d'avoir une mémoire défaillante.)*

— *Exagération :* ou l'art d'amplifier un événement frustrant ou négatif. C'est la fin du monde, c'est horrible, cela n'aurait jamais dû se dérouler ainsi ! Une simple rougeur peut devenir angoisse. Les évaluations du physique sont, elles aussi, exagérées, rarement réalistes, pouvant aller jusqu'à de véritables dysmorphophobies : le « c'est horrible !... » de Nadège pour la petite taille...

— *Le dénigrement :* à l'inverse, si quelque chose ou quelque événement peuvent être normalement « évalués » positifs, tout sera fait pour le nier ou le négativiser : « c'est du hasard si j'étais bon », « faut voir ce qu'aurait fait un autre ». À propos de ses talents en gymnastique, Nadège banalisait les compliments des adultes avec un « il suffit de s'entraîner, c'est facile… » : oubliées les heures d'assouplissement, le travail quasi quotidien à la maison sur des musiques rythmées.

LES PENSÉES IRRATIONNELLES

Émotions négatives →	**Comportements exacerbés**
— pessimisme	— dépendance
— sentiments de dévalorisation	— inhibition
— découragement	— évitement des difficultés
	— estime de soi liée à l'approbation de l'autre, aux résultats
	— manque de confiance en soi

Autodépréciation ou dépression ?

La dépression dans cette tranche d'âge est inhabituelle et le plus souvent contextuelle, réactionnelle à tel ou tel événement traumatique (accident, décès). L'intervention psychothérapique seule est inefficace et le recours à la psychiatrie spécialisée est souhaitable. Pour ma part, j'évalue le « degré » de dépression réelle à la possibilité (ou à l'impossibilité) de modifier les croyances et les comportements de l'enfant avec nos propositions d'aide, de conseil, de soutien, voire de confrontation.

Avant de parler de « dépression », je tente de m'attaquer aux comportements déviants, aux dysfonctionnements bien réels et ancrés dans le quotidien. Le syndrome dépressif exige toute une symptomatologie, avec des attitudes sévères de prostration, de retrait social, d'absence d'appétit et de comportements autodestructeurs importants. Nos élèves dévalorisés se déprécient, certes, mais n'ont pas cette angoisse existentielle ou réactionnelle qui leur enlèverait le goût de vivre. C'est justement là la cause de leur souffrance : ils aimeraient vivre comme tout le monde, mais ne s'en sentent pas capables, l'école est le premier endroit où ils expérimentent cet écart entre une réalité, qui leur paraît trop « forte », et leurs propres capacités. L'accommodation au réel est perturbée par les sentiments d'autodépréciation, ce n'est pas le refus de la réalité et de soi qui est en jeu mais le « comment faire avec ? ».

Évaluez l'autodépréciation et le défaitisme de votre enfant

Revenons à des problèmes purement scolaires. Comment pouvez-vous évaluer ce manque de confiance en soi de votre enfant et ses comportements de défaitisme ou d'autodépréciation ? Une première étape est de connaître ce qu'un élève confiant peut faire.

Un enfant qui a confiance en lui peut :

— se lever devant la classe et faire un exposé,

— se présenter facilement à quelqu'un d'étranger,

— poursuivre une tâche scolaire particulièrement difficile,

— savoir répondre, intervenir en classe, même sans « être sûr »,

— faire un devoir sans demander de l'aide.

Certains enfants font des efforts en classe et n'ont qu'une très faible confiance en soi : les défis proposés au chapitre précédent sont dans ce cas utiles. Mais, très vite, les résultats scolaires peuvent s'effondrer, il est alors recommandé d'agir avec précaution et discernement.

La dépression est une pathologie, l'autodépréciation est une façon de penser inappropriée devant les échecs.

Quelle doit-être votre attitude ?

Comme pour les « types » anxieux, il est nécessaire de dissocier avant tout les résultats, les comportements négatifs de la personne elle-même : « Ta valeur n'est pas liée à ton comportement », « Tu n'*es* pas ton *comportement :* une action, un résultat peuvent s'améliorer indépendamment de ta qualité intrinsèque d'être humain ».

L'attitude parentale à bannir est sans aucun doute la critique systématique des mauvais résultats sans jamais tenir compte du moindre progrès dans une zone d'échec. Il est essentiel de savoir que toute critique négative, sans jamais d'opinions positives, amène l'enfant à faire l'amalgame entre sa valeur et ce qu'il fait. Il n'est pas question de prendre une position extrême et d'inciter les enfants à ne plus se remettre en cause devant des résultats scolaires médiocres. Nous insistons sur le fait que le jugement négatif ne fait que renforcer les résultats négatifs. « Nous ne sommes pas d'accord avec tes mauvais résultats, cherchons quelles en sont les causes » et non « Tu es vraiment fainéant… nul en maths… maladroit ».

Comment formuler vos critiques à votre enfant ?

Il est important de chasser de notre vocabulaire les « tu es… ». Pour reprendre les techniques de formulation d'une critique de l'affirmation de soi, il est recommandé, devant un mauvais résultat ou un comportement inadéquat, de respecter cette façon de dire : « Quand tu apprends une leçon sans y réfléchir, tu n'en comprends pas le sens et tu obtiens un mauvais résultat… » (et non : « Tu as encore bâclé ton travail », ce qui induit : « Je suis un bâcleur »). Dans cette formulation, l'enfant cerne tout de suite ce qui peut être amélioré dans sa façon de faire et ne doute à aucun moment de sa valeur intrinsèque en tant qu'individu : « Je lis sans doute les consignes un peu vite, c'est ce qu'ils semblent me dire. » Il est tout de même plus encourageant et facile de freiner une trop rapide intégration des données par une relecture que de confronter son qualificatif de « bâcleur » (donc de bon à rien).

Comment prendre en compte les progrès de votre enfant ?

Beaucoup de parents n'expriment pas ce fameux « moindre succès dans une zone d'échec ». Sans s'en rendre compte, ils n'interviennent auprès de leur enfant que pour parler des difficultés, évoquer les mauvais résultats et même parfois pour critiquer, de façon *a priori* constructive. Une critique, même si elle se veut constructive est avant tout une critique et prise non seulement comme telle par l'enfant dévalorisé mais intégrée dans cette volonté d'amalgame : « Je suis nul, je n'y arriverai jamais et mes parents ont une piètre opinion de moi. » Bien sûr, il n'est aucunement question de flatter en ne s'exprimant que pour « positiver », « valoriser » l'enfant. Le parent *affirmé* n'est ni passif ni agressant, pour reprendre la terminologie des techniques de l'affirmation de soi : il sait dire quand les résultats sont mauvais mais reconnaît immédiatement tout progrès enregistré dans un domaine délicat, aussi minime soit-il.

Un enfant qui, par exemple, a de très grosses difficultés en orthographe obtient une note standard de – 20 sur 20 si toutes les fautes sont prises en compte. Pas question d'attendre le 10/20 pour l'encourager : chaque étape vers la moyenne ou nouvelle note s'éloignant du – 20 sera renforcée : « Si tu as – 15, tu as probablement relu la dictée et c'est un point important, continue ! », « Ton – 10 traduit une meilleure connaissance des conjugaisons », et ainsi de suite…

« Autant faire comme avant ! »

Benoît, 10 ans, est élève de CM2. Ses notes aux dictées étaient très faibles… les parents ne voyaient que ces résultats-là sans se préoccuper des autres notes, certes « moyennes » mais non « nulles ». Nous n'avions pas l'intention, dans un premier temps, de confronter les croyances parentales et leurs attentes quant à la scolarité du fils… Ils me semblaient très rigides. Devant la dévalorisation de Benoît qui « n'y arrivait plus », se décourageait, n'intégrait plus les règles de grammaire, je décidai d'une première stratégie avec lui… renforcer son sentiment de compétence en attaquant le problème de dictée. Nous avions choisi cette aide après un bilan qui nous indiquait que la dysorthographie, les sales notes, étaient très liées à une absence de vocabulaire, une méconnaissance des conjugaisons et des règles grammaticales… Tout un contrat avec Benoît pour qu'il réapprenne des listes de mots, des leçons passées mal acquises et qu'il révise bon nombre d'exercices du « Bled ». Deux mois après le fameux bulletin trimestriel de février, les dictées sont remontées à 4/10 au lieu des habituels 0 – qui ne correspondaient pas à la réalité, les instituteurs, et on les comprend, n'ayant jamais noté « – 10 ». Nous faisons un point avec les parents : ils me témoignent de leur volonté de « positiver » Benoît dans ses efforts : « C'est vrai qu'il en fait… surtout quand il venait vous voir, il préparait bien ce qui était demandé… je ne l'ai jamais vu travailler autant !… » « Satisfait ? » s'enquiert le thérapeute (lui-même satisfait !), mais cette réponse nous tombait dessus : « Il est encore à six points de la moyenne ! !… » Je regardai Benoît en grimaçant quelque peu, et lui de me lâcher un : « Si c'est comme ça, autant faire comme avant !… », et les parents de ponctuer : « Voyez comme il est, un petit rien le décourage... on n'en est pas sorti !... » Ces remarques nous valurent un changement radical de stratégie, nous décidions désormais de travailler les attitudes parentales pour aider le fils... ce qu'ils firent avec coopération.

Comment désamorcer les attitudes d'autodépréciation ?

— *Tentez de mettre votre enfant dans des situations d'apprentissage où il peut progresser.* L'enfant doit réaliser que toute entreprise ou tout apprentissage nécessitent des étapes. La réussite n'est pas immédiate mais un aboutissement. Une leçon d'histoire sera « découpée » en parties pour mieux les mémoriser. Un devoir de français sera décomposé en « leçon de grammaire » et « exercices ».

— *Ne soyez pas troublé par le manque de motivation de votre enfant.* Devant ses remarques pessimistes, découragements, restons de marbre ! C'est bien sa « problématique », il se démotive tout seul par des ruminations mentales, à nous parents de « reconnaître » les symptômes pour mieux les réduire ensuite. Évitons les injonctions telles que : « Tu es débordé par un rien... qu'est-ce que ce sera au collège !... » « Tu n'es pas débile, tu dois savoir faire ce qu'on te demande !... »

— *Stimulez l'enfant pour qu'il partage ses connaissances.* Faites-lui verbaliser au maximum ce qu'il a appris pendant la journée à l'école. Aux « j'ai rien compris », il est utile de substituer les « tu as étudié quels sujets ?... », « peux-tu nous expliquer cette leçon ?... ». Le partage des « nouveaux acquis » est des plus revalorisants.

— *Laissez-le réfléchir quand une question lui est posée.* Face à ses attitudes de désolation devant la moindre difficulté, il est bon de lui renvoyer gentiment qu'il est souvent irréaliste de vouloir comprendre « du premier coup » et que lire plusieurs fois une leçon, se gratter la tête devant des définitions sont souvent le lot quotidien de tout apprenant.

— *Renforcez les comportements qui signent un progrès.* Il est bien dur d'exprimer le « positif » en tant que parent, surtout lorsque les résultats sont désolants ! Il faut donc s'efforcer de répertorier les faits et gestes de notre enfant, surtout le moindre changement d'attitude dans le domaine scolaire. Il « souffle » moins devant un problème ardu d'arithmétique, alors nous pouvons lui dire : « Tu acceptes quand c'est difficile !... » Il cesse de pleurer devant ses devoirs : « Je sais que tu fais un gros effort... »

— *Montrez de l'intérêt pour ses activités extrascolaires.* Il ne faut pas tout centrer sur le scolaire, votre enfant est persuadé d'être « nul », à vous de dénicher les attitudes qui traduisent le moindre savoir-faire. Ne banalisez pas ses activités de loisirs comme si elles n'avaient aucune valeur. Son talent avec les jeux CD-rom peut le rassurer sur ses capacités de compréhension, son potentiel réel.

— *Dites-lui que l'effort est plus important que la réussite scolaire !* Non, ce n'est pas le « talent » qui prime mais la ténacité, le temps alloué au scolaire à la maison, la répétition des apprentissages, l'acceptation des inévitables frustrations, le refus d'éviter « ce qui est dur ».

— *Aidez-le à envisager l'avenir lorsqu'il obtient un succès à court terme.* L'objectif apparaît toujours bien loin… chaque effort scolaire est un pas pour le futur : améliorer son écriture pour mieux rédiger ensuite… vérifier ses opérations d'arithmétique pour contrôler sa « vitesse » et bien intégrer les données d'un problème à l'avenir…

— *Donnez des défis « à court terme » dans un premier temps.* Répétons-le, les objectifs à trop long terme peuvent répondre au souci d'immédiateté de l'enfant. Il nous faut savoir redéfinir des petits « contrats quotidiens », des « tâches » frustrantes, certes, mais facilement réalisables. Il doit se voir en « progrès » et non en éventuel « devenir ».

— *Établissez des graphiques pour « visualiser » les dates et les progrès enregistrés.* Les mots ne sauraient suffire. L'enfant aime regarder, constater ses progrès. Des tableaux, des diagrammes, des « courbes de température » sont autant de moyens d'« objectiver » les efforts accomplis.

— *Évaluez toujours sa performance au regard de ses propres résultats et progrès et non en comparaison des autres.* Il s'agit bien de le « renforcer » dans sa propre progression et non, dans un premier temps, de comparer ses résultats à ceux qu'il « devrait atteindre à son âge ».

— *Demandez-lui d'aider un élève plus faible dans la matière où il est le meilleur.* S'il a des frères et sœurs, n'hésitez pas à le solliciter pour qu'il leur apporte son aide et son savoir-faire : faire lire la petite sœur si la lecture est son point fort, aider aux leçons de solfège s'il est musicien, expliquer aux plus jeunes les événements qu'il a bien assimilés, s'il est passionné d'histoire.

Reprenons le modèle « ABC » pour mieux comprendre les réflexions, les confrontations verbales qui peuvent participer à l'enseignement de sentiments de confiance, d'optimisme et d'acceptation de soi.

LES « ABC » DE L'ENFANT DÉVALORISÉ		
situation activante (A)	**pensées de l'enfant (*beliefs*)** (B)	**émotions, comportements de l'enfant** (C)
Un devoir ou une tâche scolaire difficile	*optimisme* Même si je rate, je sais faire d'autres choses. Je peux le faire… Je peux acquérir les compétences pour le faire. Une mauvaise note ne change pas ma valeur	*confiance en soi* *persistance*
	pessimisme C'est impossible… À quoi ça sert d'essayer ? C'est parce que je ne suis pas bon que je n'y arrive pas… Si j'ai réussi, c'était dû au hasard…	*manque de confiance en soi* *abandon*

Des remarques peuvent contribuer à renforcer les cognitions négatives de vos enfants. Repérez-les avec l'aide des exemples ci-dessous.

LES « ABC » DES PARENTS DE L'ENFANT DÉVALORISÉ		
situation activante émotionnelle (A)	**pensées *(beliefs)* des parents** (B)	**conséquences émotionnelles et comportementales de l'enfant** (C)
Apprentissage scolaire	Ton frère était plus studieux. Tu ne seras jamais un matheux. Il n'est pas très courageux. Sa sœur avait plus de facilité. Ce qu'ils te demandent est pourtant simple.	*dévalorisation*
	Souviens-toi quand tu étais dans cette nouvelle classe. N'oublie pas tes compétences en sport, musique, dessin. Regarde Untel, il a rencontré aussi des périodes d'échec. La mémoire, on peut l'améliorer.	*revalorisation*

Ces remarques vont renforcer l'estime de soi et surtout l'acceptation de soi de votre enfant quand il rencontre des difficultés.

Elle n'a aucune mémoire !

L'exercice « mémoire » qui suit propose une série de seize mots à l'enfant : il doit les retenir dans sa tête, comme lorsqu'il apprend une récitation. Les mots sont prononcés dans cet ordre : robe, tomate, chien, crayon, jupe, radis, chat, taille-crayon, chemise, carotte, cheval, gomme, pantalon, concombre, souris, stylo. L'enfant essaie généralement de mémoriser sans « ranger », il ne regroupe pas les mots par famille, il ne « catégorise » pas. Avant un deuxième essai, il suffit de lui expliquer qu'il est possible de ranger par « famille » : les légumes ensemble, puis les vêtements, les animaux et les « objets d'école ». Il lui est en plus demandé, après une seconde lecture, d'apprendre de nouveau la liste de mots, mais en essayant de regrouper… (l'écart de résultat est très sensible).

La petite Lucie souffrait aussi d'une « mauvaise mémoire » : « Elle ne pouvait pas apprendre en classe… ça marcherait jamais… La pauvre, elle est comme son père, sa mémoire est une vraie passoire… » Sa mère l'avait passablement confortée dans ses croyances avec ses réflexions…

Le thérapeute : *Donc, tu me dis que tu es nulle à l'école… Tu as des mauvaises notes aux leçons… Tu apprends ? C'est ça ?…*

Lucie : *Vous pouvez demander à Maman, je passe plein de temps, mais rien ne reste le lendemain…*

Le thérapeute : *Tu apprends comment ?… par cœur ?… Tu mets tout dans ta tête en une seule fois ?…*

Lucie : *On nous a dit d'apprendre par cœur !…*

Le thérapeute : *Et ça ne marche pas…*

Lucie : *Parce que je suis nulle !…*

Le thérapeute : *Ou parce que tu ne sais pas te servir de ta mémoire !…*

Lucie : (surprise) ...
Et de lui proposer l'exercice de mémorisation évoqué ci-dessus où il s'agit d'apprendre une liste de seize mots. Je liste les mots, elle tente de les « retenir ». Le résultat : seuls six mots sur seize sont mémorisés...
Le thérapeute : *Pourquoi ce mauvais résultat ?*
Lucie (les yeux de nouveau mouillés immédiatement après le terme « mauvais ») : *Parce que je suis nulle, je suis sûre que tous les enfants réussissent ça... je retiens rien...*
Le thérapeute : *Et si c'était ta façon d'apprendre ?...*
Lucie : ...
Le thérapeute : *Comment as-tu fait pour apprendre les seize mots que j'ai lus ?...*
Et de travailler ensuite avec elle sur sa méthode : tout apprendre par cœur sans jamais repérer de liens entre les mots, sans regrouper ni classer. Nous reprenons un deuxième exercice et elle obtient, avec la « méthode », un score de 13 points sur 16.
Le thérapeute : *La mémoire, c'est parce que tu es nulle ou autre chose ?...*
Lucie (plus souriante) : *Parce que j'ai rangé les mots dans ma tête au lieu du par cœur...*
La méthode ou « comment s'y prendre pour mieux mémoriser » remplacera progressivement la cognition, la pensée d'autodépréciation « je suis nulle » et ce, dans la réalité de l'apprentissage et non pas seulement avec les renforcements positifs « verbaux » du thérapeute... Lucie vérifiera d'ailleurs elle-même que les leçons « rentrent » mieux à la maison... avec la méthode !...
N'avoir appréhendé qu'un « fonctionnement opératoire » telle la mémoire pourrait sembler minime au regard des profonds sentiments de dévalorisation de Nadège... sans doute, mais nous voyons le plus sou-

vent ces petites expériences positives venir submerger à leur tour la personnalité de l'enfant qui manifeste une plus grande confiance en lui, une meilleure estime de soi et surtout une plus grande acceptation de soi et de la réalité.

Stimuler la possibilité de changement

Nous l'avons vu avec Lucie, l'intervenant se doit de provoquer un « changement » dans toute entreprise d'accompagnement scolaire. Il est bien entendu toujours question du « renforcement du sentiment de compétence ». Quand l'enfant voit que ce n'est pas « lui » mais sa façon de faire qui est le plus souvent en cause, il reprend confiance et sait désormais dissocier la personnalité de l'apprentissage en soi. Au cours des séances, j'évoque les « valises » pour définir l'intelligence et les capacités d'apprentissage : comment sont-elles rangées, peut-on mettre beaucoup de choses dans une valise en désordre ? Nous évoquons aussi les « outils » nécessaires pour apprendre : toujours la différenciation entre l'individu et ses attitudes ou dysfonctionnements. Et, nous le répétons, nous tentons constamment de refaire un sujet de leçon ou devoir dès qu'il y a échec, pour stimuler le moindre changement. L'enfant peut comprendre très tôt la formule magique de Bruner : « L'intelligence est un processus, pas un résultat ! »

Parfois, le « je ne suis pas bon » signe un « je ne suis pas fait pour ça ! ». Évacuer trop tôt les apprentissages techniques en surévaluant l'enseignement dit général peut favoriser non seulement une future mauvaise orientation scolaire mais aussi une très actuelle dévalorisation.

EN RÉSUMÉ

Il est fondamental de veiller à désamorcer les sentiments de non-valeur d'un enfant dévalorisé par des encouragements, des renforcements positifs verbaux : la parole maladroite est si souvent destructrice. Mais cela ne saurait être suffisant : seule la réalité montrera des contre-exemples et détruira les croyances par de nouvelles expériences et de nouveaux résultats jusque-là insoupçonnés. L'évitement des situations délicates ne fait qu'aggraver les autodépréciations. Les intervenants se doivent, une fois de plus, d'encourager et de contraindre l'enfant à s'accommoder aux contextes les plus appréhendés et ce par petites étapes, avec de continuelles et nouvelles exigences. *Le maternage excessif ne fait qu'accroître les sentiments de non-valeur.*

POUR REVALORISER VOTRE ENFANT ET LUI REDONNER CONFIANCE EN LUI	
Aux croyances négatives	— Substituer de nouvelles expériences dans la réalité (scolaires et loisirs) — Éviter les registres de communication négatifs (jugements…)
À l'autodépréciation	Répondre par : — des défis à court terme, à sa portée (objectifs tronçonnés en étapes ou petits « contrats ») — le renforcement du « moindre succès » dans une zone d'échec — la « visualisation » de ses améliorations

Chapitre 11

L'enfant intolérant aux frustrations

L'école, c'est dur !...

Kevin, 10 ans, élève de CM2 « s'ennuie souvent »
Le thérapeute : *Le CP c'était comment ?...*
Kevin : Facile... *J'aimais bien la lecture surtout, ça allait vite, on savait les mots en regardant... (méthode globale ou semi-globale).*
Le thérapeute : *Et après, en CE1-CE2 ?...*
Kevin : *J'aimais mieux le calcul, les dictées c'était nul et puis j'étais moins bon en lecture...*
Le thérapeute : *Tu t'entraînais à lire chez toi ?...*
Kevin : *C'est Maman qui me forçait mais j'aimais pas...*
Le thérapeute : *Et maintenant, tu aimes l'école ?...*
Kevin : *J'aime bien les copains, ça va...*
Le thérapeute : *Tes résultats, tes notes ?...*

Kevin : *C'est pas bon… Maman voulait que je vous voie pour les notes… comme cette dame pour la lecture, j'y allais toutes les semaines, c'était bien…*
Le thérapeute : *Travailles-tu le soir à la maison ?…*
Kevin : *Y a pas souvent quelque chose à faire et puis j'ai mes jeux (CD-rom).*
Le thérapeute : *Tes parents sont durs avec toi quand les notes sont mauvaises ?…*
Kevin : *Ils crient des fois quand il y a les notes avant les vacances…*
Le thérapeute : *Qui surveille tes devoirs à la maison ?…*
Kevin : *Maman m'aide quand elle a le temps, mais j'ai toujours tout fait en classe…*
Le thérapeute : *Tu es intelligent. Comment expliques-tu les mauvaises notes en conjugaison, en calcul… et même en récitation ?…*
Kevin : *Les conjugaisons, j'ai jamais compris… Le calcul ça va quand y a pas les problèmes. Les récitations, j'aime pas, je retiens pas…*
Le thérapeute : *Tu as vu le dernier Disney au cinéma ?…*
Kevin : *Super…*
Le thérapeute : *Pourtant tu n'es pas « super » à l'école !… tu vas quand même au cinéma ?…*
Kevin : *Des fois ma mère veut pas m'acheter un truc mais j'ai mon argent de papy, alors…*
Le thérapeute : *Dis-moi, qu'est-ce qui arrive quand tu fais le « pirate » à l'école ou chez toi ?…*
Kevin : *Le pirate ?…*
Le thérapeute : *Quand tu fais des bêtises…*
Kevin : *Papa dit toujours que j'aurai des surprises à mon anniversaire.*
Le thérapeute : *C'est déjà arrivé ?…*

Kevin : *Des fois j'ai plus le droit de regarder mes émissions de télé…*
Le thérapeute : *Que fais-tu alors ?…*
Kevin : *Je m'enferme dans ma chambre et je joue avec l'ordinateur de mon grand frère…*
Le thérapeute : *Dis-moi, l'instituteur ne doit pas être très content de toi, j'ai vu tes cahiers, ils ne sont pas très propres !…*
Kevin : *Il est gentil… il dit que j'ai des problèmes parce que j'ai tout ce qu'il faut dans la tête, c'est lui qui veut que je vienne ici…*
Le thérapeute (devant un Kevin de plus en plus « bouillant sur sa chaise… ») : *Tu aimes bouger ! !… tu dois aimer le sport… que fais-tu ?,…*
Kevin : *Cette année je fais du judo, j'aimais plus le foot…*
Le thérapeute : *Tu avais fait d'autres choses avant ?…*
Kevin : *J'aime bien changer tous les ans… j'ai fait de l'escrime, du basket, mais maintenant c'est le roller…*
Le thérapeute : *Au fait, à la maison, tu aides ?…*
Kevin : *J'aide quoi ?…*
Le thérapeute : *Tu aides ton père ou ta mère ? Tu fais des petites choses comme mettre le couvert ?…*
Kevin : *Ah oui, des fois je fais le petit déjeuner pour Papa le dimanche…*
Le thérapeute : *Mais, Kevin, tout ce que tu me dis, c'est la belle vie ! !…*
Kevin : *Heureusement qu'il y a le vélo avec les copains, sinon je m'ennuie souvent…*
Le thérapeute : *Le vélo ?*
Kevin : *Avec les copains du quartier, après l'école… avant de manger…*
Le thérapeute : *Avant le repas du soir et puis hop ! au lit ?…*

Kevin : *Ça, je voulais vous le dire aussi, je peux pas dormir facilement… pas avant 10 heures, j'ai du mal, je redescends souvent voir les parents…*

Ce n'est qu'un début de consultation, une « mise en bouche », nous vous épargnerons le détail de la vie quotidienne de Kevin qui « n'est pas bien dans sa tête », comme disait sa mère…

S'il s'agissait seulement d'une rencontre unique !… Nous entendons ce genre de répliques constamment : l'enfant Kevin n'a pas de limites, peu de contraintes éducatives, pas de « surveillance parentale », des promesses de sanctions quand « ça chauffe », un quotidien sans exigences ni rythme de vie (repas, couchers), des loisirs interchangeables selon le goût du moment mais avec des passages obligés : le McDo quasi hebdomadaire, les séances de cinéma qui deviennent routinières et quasiment « obligatoires » et la panoplie d'objets de consommation à la maison (Playstation en particulier, mais surtout une véritable caverne d'Ali Baba pour les jouets). Où sont les frustrations ? À l'école…

L'intolérance aux frustrations

Personne n'apprécie les contraintes, les frustrations quotidiennes. Nos enfants intolérants aux frustrations ont majoré cette difficulté humaine à accepter le nécessaire équilibre entre réalité et plaisir. Lorsque nous évoquons les frustrations, nous ne parlons pas des contraintes incontournables ; celles-ci sont difficilement vécues mais il faut bien en passer par là. Faire des courses pour s'alimenter, gagner de l'argent pour vivre, se lever tôt pour aller au travail sont malheureusement des occupations souvent frustrantes mais inévitables. Les frustrations que nous évoquons n'ont pas, apparemment, un caractère obligatoire à court terme : tondre une pelouse avant d'arriver à une pousse d'herbe extrême, étudier tel domaine alors que notre fonction ne l'exige pas, planifier un rangement de maison au quotidien, pratiquer des exercices physiques alors que la santé ne pose pas problème, gérer ses finances quand il n'y a pas pénurie. Nous avons donc le choix de faire ou de ne pas faire. Je suis obligé de manger pour vivre et je prépare un repas malgré les contraintes qui s'y attachent, c'est frustrant mais la règle est quasiment commune à tous les humains... En revanche, lorsque je décide de ne pas débarrasser la table juste après le repas et repousse cette occupation pour le moment du coucher, je choisis de contourner la frustration. Selon mon acceptation des frustrations, qu'elles soient incontournables ou pas, j'élève ou non mon seuil de tolérance aux frustrations en général.

Apprendre = frustration !

Pour l'élève en situation scolaire, il faut un seuil de tolérance à la frustration élevé puisque tout apprentissage est effectué le plus souvent pour le moyen terme, quand ce n'est pas le très long terme. Beaucoup de connaissances doivent être assimilées sans résultat immédiat, sans rapide gratification. Le très jeune « scolaire » travaille en général pour un passage en classe supérieure, un futur diplôme, mais ne voit que rarement ses conséquences immédiates. Hormis la classe du CP où les apprentissages offrent un résultat tangible (lecture, écriture, calcul), les élèves devront apprendre, tout au long de leur cursus scolaire, *à différer le plaisir d'éventuels résultats*. Il y aurait beaucoup à dire sur un enseignement toujours aussi distant des réalités quotidiennes quant aux apprentissages. Notre souhait rejoint les attentes réalistes de bon nombre de parents qui voudraient que les connaissances scolaires soient plus proches des préoccupations des enfants, avec cette constante finalité d'une transposition possible avec de futures activités ou fonctions sociales.

Réformer l'Éducation nationale ?

La complexe Éducation nationale bouge lentement et il faut bien, dans un premier temps, que les élèves s'accommodent à ce système sous peine de ne pouvoir actualiser pleinement leur potentiel (non-performance) ou d'en être exclus. Sous un angle plus positif, nous pourrions voir dans cette inadaptation du système scolaire actuel un des derniers endroits où justement l'enfant peut expérimenter la « frustration » ! Le refus d'une contrainte ou la recherche d'une gratification immédiate conduisent à des dysfonctionnements importants pour apprendre et génèrent la plupart du temps une forte *démotivation*. Toute la question est là : l'humain peut-il accepter une étape de frustration avant d'en toucher les subsides ? Pour beaucoup, c'est non ! La réalité nous montre pourtant à quel point cette volonté de plaisir immédiat n'a jamais d'heureuses conséquences mais entraîne au contraire plus de frustrations que de plaisir.

Chaque jour corrobore ce schéma ou *loi de la frustration*.

LOI DE LA FRUSTRATION

La flèche représente le temps, divisé en deux séquences, une séquence 1 ou **T1**, temps « immédiat », et une séquence **T2** ou temps différé :

T1 — « – » **ou** « + »

T2 — « + » **ou** « – »

Pour le **T1**, le signe « + » traduit une recherche immédiate de plaisir ou un refus de la contrainte. Le signe « – », signe une acceptation d'un temps frustrant avec objectif de plaisir à moyen ou long terme. Pour **T2**, le signe « – » marque la probable conséquence d'un désir de gratification immédiate : l'augmentation des frustrations et des contraintes que l'on voulait éviter au départ. En revanche, le signe « + » reflète les possibles satisfactions ou plaisirs qui suivent le plus souvent l'acceptation immédiate de la frustration.

Un refus de frustration immédiate (T1 « + » et T2 « – ») :

T1 — « + »

T2 — « – »

Regarder la télévision avant de faire ses devoirs. (Conséquences qualifiées de « : + », le plaisir est immédiat, la frustration est différée mais ce temps positif est très court !)

Plus difficile de s'y mettre ensuite, on verra plus tard… le « devoir » s'éloigne de l'explication de l'enseignant… la compréhension est plus délicate… la motivation faiblit.

	(Conséquences qualifiées de « – », le déplaisir domine désormais, plus de « positif » mais au contraire un temps beaucoup plus long de frustration.)

L'acceptation de la frustration immédiate (T1 « – », T2 « + »)

T1 « – »	**T2** « + »
Faire les devoirs aussitôt après le goûter. (J'accepte de me frustrer, de ne pas me faire plaisir en premier immédiatement. Le temps n'est pas aussi long que prévu !)	Aller jouer ou regarder une émission TV l'esprit tranquille, la leçon est mieux intégrée, la motivation pour apprendre reste forte. (Après l'effort, le réconfort… je n'ai pas eu mon plaisir mais je goûte désormais la joie d'y accéder après le « déplaisir » et ce temps « positif » est beaucoup plus long !)

Encore une attitude !

Cette intolérance aux frustrations est souvent commune aux deux attitudes évoquées dans les précédents chapitres (attitude anxieuse et attitude d'autodépréciation). Là encore, il est souhaitable de n'envisager ces attitudes que comme des « pistes » de travail et non comme un cadre de référence fermé. L'enfant ne saurait se figer dans des modèles théoriques préétablis : nous avons souligné notre attachement à la psychologie différenciée et notre réticence devant les modèles généraux du développement cognitif et affectif de l'humain. Il est pourtant utile de reconnaître chez votre enfant démotivé des traits « marqués » qui pourraient signer telle ou telle attitude décrite avec le seul souci d'une proposition de réponse parentale adéquate. Nous le savons, les quelques conseils qui vous sont proposés, s'ils s'avèrent efficaces, seront les seules preuves que tel enfant correspond bien à telle ou telle attitude.

D'où vient cette intolérance aux frustrations ?

Ce qui reviendrait à dire : quels sont les responsables ?

L'environnement social ? L'éducation scolaire ? L'éducation familiale ? Le potentiel génétique de l'enfant ? Tous ces paramètres rentrent en ligne de compte mais, répétons-nous, il ne peut être question d'attendre passivement tel changement social, politique, telle réforme scolaire ou telle manipulation génétique… La seule variable facilement maîtrisable est sans aucun doute votre « attitude parentale ». Nous ne reviendrons pas sur l'attitude parentale permissive : qui d'entre nous n'a pas succombé aux chants des sirènes de la « non-conflictualité », à cette volonté d'avoir une « bonne relation avec ses enfants », à ce souci permanent d'apporter un minimum de frustrations à notre progéniture ?... Il est temps d'apporter désormais des réponses à ce dysfonctionnement typique actuel.

Devez-vous revenir aux « bonnes vieilles méthodes éducatives » ? La tentation est grande de remplacer les comportements permissifs par un autoritarisme qui serait de mode. De plus en plus de parents voient de nouveau la panacée dans les systèmes rigides de « pension scolaire ». Non, et nous l'avons vu, devenir un parent affirmé, assumer une autorité n'a rien à voir avec des positions dogmatiques, une fermeté outrancière. Les parents permissifs seraient-ils les seuls responsables ? Pour reprendre les termes de l'analyse transactionnelle, le comportement « nourricier » de certains parents ne fait que majorer des attentes infantiles de confort, de plaisir immédiat, de dépendance, d'éloignement de la frustration. Quant au comportement parental normatif, il renforce les attitudes rebelles ou offensives de l'enfant sans jamais obtenir l'acceptation des frustrations qui sont évaluées comme injustes et inadaptées.

DES PENSÉES TYPIQUES CHEZ L'ENFANT « INTOLÉRANT AUX FRUSTRATIONS »	
Faut se lever...	(la vie, ce doit être du plaisir)
On ne va pas me prendre la tête dès le matin...	(la vie = plaisir)
Je *dois* regarder ça à la TV...	(la vie = plaisir)
Je le ferai demain...	(la vie = plaisir)
Je supporte pas de m'ennuyer...	(la vie = plaisir)

Je ne suis pas un « pigeon »	(refus d'une tâche frustrante)
J'aurai combien ?…	(négociation pour accomplir une tâche frustrante)
Je vais avoir l'air de quoi si je fais ça ?…	(évitement d'une tâche frustrante)
C'est sûr, demain j'ai le temps…	(promesse de réaliser une tâche frustrante)
Les autres parents ne demandent pas ça	(évocation d'une tâche frustrante)
Je voudrais tellement avoir ça !	(recherche de gratification *avant* réalisation d'une tâche frustrante)
C'est pas juste…	(victime devant la tâche frustrante)
Tout le monde fait ça !…	(demande d'un loisir)
Vous n'avez jamais été des enfants !…	(évocation du passé pour obtention immédiate)
Vous êtes vieux !	(accusation pour obtention immédiate)
Vous ne me faites jamais plaisir…	(culpabilisation parentale pour obtention immédiate)
Si tu veux, je peux t'aider pour ça maintenant…	(séduction pour obtention immédiate)
Je veux ça ! il me le faut !	(commandement pour obtention immédiate)
Si j'ai pas ça, j'arrête tout…	(chantage pour obtention immédiate)
Je risque de faire des bêtises…	(menace pour obtention immédiate)

Exagéré ? Ces réflexions sont notre quotidien : si l'on écoute les justifications de l'enfant intolérant aux frustrations pour obtenir un plaisir ou différer une frustration, nous pourrions écrire des dizaines de pages du même ordre. Quant au scolaire, n'avez-vous jamais entendu les réflexions qui suivent ?

COGNITIONS OU MONOLOGUES INTÉRIEURS DE L'ÉLÈVE INTOLÉRANT AUX FRUSTRATIONS

« Ça sert à rien… », « de toute façon, je suis nul dans cette matière », « personne ne travaille sauf les têtes », « les profs sont mauvais », « la dernière bonne note ? Un coup du hasard ! » « ça bouffe notre enfance ! » « Untel n'a pas eu besoin d'école pour réussir » « ça ira mieux au prochain trimestre… », « j'ai rien à faire pour demain », « on n'a jamais de notes », « je suis pas fait pour les études », « ce prof-là m'a dans le nez ».

L'enfant intolérant aux frustrations est-il un véritable monstre ? Non bien sûr, mais un jeune humain devenu omnipotent, exigeant, « enfant gâté », donneur de leçons, adepte du *farniente* (pour ne pas dire « flemmard »), parce que seul à gérer ce fameux équilibre entre principe de réalité et principe de plaisir. Il a donc choisi le « plaisir ». Ces attitudes sont difficiles à confronter mais c'est possible, restons optimiste ! Restons optimiste, même si le futur tyran le devient très subrepticement[2] ! Pour lui, l'extérieur est responsable de ses dysfonctionnements *(locus of control externe)* et il s'alimentera et renforcera ses comportements déviants

2. D. Pleux, *De l'enfant roi à l'enfant tyran*, Paris, Odile Jacob, 2002.

à l'écoute de la remise en cause des enseignants, des programmes et de la société en général. Il y a quelques années, le discours « pro-élève » et surtout « anti-enseignant » du ministre de tutelle était abondamment repris : « Ils (les enseignants) ne nous proposent rien… ils ne nous respectent pas… ils sont nuls… »

Kevin II, le retour

La mère : *Il a beaucoup de mal à se concentrer en classe…*

Kevin : *C'est vrai, j'ai du mal à écouter…*

Le thérapeute : *Nous allons faire un exercice…*

Et de lui proposer quelques épreuves de logique issues d'un test d'aptitude…

Kevin (après moins d'une minute de réflexion, la solution tarde…) : *C'est comme à l'école, je n'arrive pas à me concentrer…*

La mère : *Vous voyez bien, il ne peut pas se concentrer !*

Le thérapeute : *Que veux-tu dire par te concentrer ?*

Kevin : *Ça me fatigue, j'y arrive pas… alors je pense à autre chose…*

Le thérapeute : *À quoi ?*

Kevin : *Que ça m'embête votre truc… ça sert à quoi ?*

Le thérapeute : *Et tu penses à quoi d'autre ?…*

Kevin : *Il y a le match de foot tout à l'heure… vivement que j'y sois !*

La mère : *Vous voyez bien, il pense toujours à autre chose que le travail… Il n'arrive pas à se concentrer !…*

Le thérapeute : *C'est même un peu avant la « concentration », c'est juste après la mise au travail…*

La mère (étonnée) : *Quelle différence ?*

Le thérapeute : *Dès qu'il se met à la tâche, il commence par se dire qu'il n'aime pas ça… Il pourrait avoir envie de trouver le bon résultat… penser qu'il*

L'ENFANT QUI N'ACCEPTE PAS LES FRUSTRATIONS

L'intolérance aux frustrations et ses conséquences émotionnelles :
— l'enfant est désabusé, démotivé, a des sentiments parfois « dépressifs » (dépression passagère et réactionnelle à la non-obtention du plaisir immédiat et non syndrome dépressif endogène),
— l'enfant est en opposition, buté, a des comportements agressifs devant tout ce qui gêne la réalisation immédiate de ce qui est voulu.
Ses caractéristiques comportementales :
— aucune tâche frustrante n'est acceptée, qu'elle soit familiale ou scolaire,
— toute « corvée » n'est faite que s'il en est l'initiateur,
— toujours dans des activités de loisirs, du jeu informatique aux visites aux copains,
— consommation exacerbée de programmes de télévision,
— incapacité de se maintenir dans une activité sportive ou artistique plus d'un an *(jumping* du football à l'escrime, du piano à la guitare),
— démotivation rapide dès qu'il obtient ce qu'il exige,
— ne supporte pas l'ennui, les « vides », besoin de multiples activités,
— en guerre pour tout ce qui est tâches matérielles (chambre, aider au quotidien),
— résultats scolaires liés à l'intérêt ou au professeur,
— performances scolaires en dessous de son potentiel,
— difficultés en lycée dès qu'il faut une dose de travail et non une intelligence de situation (le rapport quantité de travail-résultats est exigé),
— gros besoins de consommation,
— dépense rapidement l'argent de poche (rémunérations jamais liées à des exigences).

peut trouver… avoir du plaisir à chercher… tout faire pour y arriver…

La mère : *C'est bien le problème ! Il ne peut pas y arriver, il ne sait pas se concentrer !*

Le thérapeute : *Il ne sait pas accepter la difficulté… quand il n'aime pas, il ne fait pas…*

Kevin (toisant sa mère) : *Il a raison… J'ai pas de problèmes quand je joue pendant des heures avec mes jeux CD-rom…*

ÉVALUEZ LE DEGRÉ D'INTOLÉRANCE AUX FRUSTRATIONS DE VOTRE ENFANT DEVANT LES EXIGENCES SCOLAIRES*

Instructions : toutes sortes d'excuses sont trouvées pour différer ou refuser d'accomplir une tâche frustrante. Repérez avec votre enfant les arguments habituellement utilisés en notant une croix dans la rubrique « c'est moi » ou « pas moi ». Il faudra ensuite se débarrasser de telles excuses, car elles participent à la démotivation.

EXCUSES	C'est moi	Pas moi
Je ferai cela quand je serai plus motivé.	....	....
C'est plus facile pour moi de faire quelque chose au dernier moment, quand j'ai la « pression », je suis plus efficace.	....	....
Je ne sais pas faire ce travail, je ferais mieux d'attendre de tout comprendre avant de commencer.	....	....

* D'après M. Bernard et D. Pleux *in* « No Pain, No Gain », chapitre de *You Can Do it !*, Guide pour étudiant.

C'est pas grave de remettre au lendemain !	....	....
Je suis plus efficace quand je me sens bien pour effectuer un travail.	....	....
J'ai déjà eu de bons résultats quand je m'y prenais à la dernière minute, pourquoi pas continuer ?	....	....
S'y prendre au dernier moment me permet de passer moins de temps sur une tâche frustrante.	....	....
Je préfère me détendre et faire mon travail ensuite : quand je me sens fatigué je ne peux rien faire.	....	....
Je ne vais pas rater une distraction pour des travaux scolaires !	....	....
De toute façon, personne ne s'inquiète vraiment si je fais ce travail maintenant ou non.	....	....

Les réponses au questionnaire sont révélatrices et ne nécessitent aucune analyse particulière ! Mais évoquons maintenant quelques attitudes parentales adéquates. La première confrontation des comportements d'intolérance aux frustrations se veut socratique (verbale, intellectuelle). Aux monologues intérieurs négatifs, il est souhaitable de renvoyer certaines vérités.

Désamorcez par les mots !

Pensées irrationnelles chez l'intolérant aux frustrations	**Pensées alternatives ou rationnelles pour une meilleure acceptation des frustrations**
C'est terrible !	C'est frustrant !
C'est trop dur !...	C'est dur...
Ça ne devrait pas prendre la tête...	Le travail scolaire est fatigant.
C'est difficile.	Pourquoi cela devrait-il être facile ?
Toute frustration est insupportable...	Personne n'aime les frustrations mais on y survit !...
On ne devrait avoir que du plaisir.	La réalité est souvent frustrante...

Bien évidemment, ce genre de remarques est teinté de « morale », mais l'objectif n'est pas un quelconque stoïcisme ou fatalisme. Votre enfant doit comprendre que vivre apporte de nombreuses satisfactions, qu'il devra faire beaucoup de choses pour atteindre ses « rêves » et surtout qu'il lui faudra être réaliste et donc accepter que toute action a son cortège de frustrations. L'immédiateté des « plaisirs » n'est même pas la réalité du nourrisson, l'enfant lui-même peut créer ce mythe d'une vie dénuée de contraintes. Aux « paroles » doivent bien sûr s'ajouter les actes… *la confrontation éducative ou empirique.*

Désamorcez par les actes !

L'enfant intolérant aux frustrations voit son lien au réel perturbé, il lui faut s'accommoder de nouveau pour un mieux-être et c'est dans la réalité qu'il doit expérimenter l'absurdité de sa croyance première « plaisir en un temps 1 = plaisir ou satisfaction à moyen et long terme ».

Certaines attitudes éducatives favorisent l'acceptation de l'inévitable frustration à court terme. Tout ce qui est organisation du milieu ne doit pas être écarté. Donner un « cadre » de vie avec ses nécessaires routines ne peut que structurer l'enfant.

Exiger !

— Être vigilant sur les horaires de repas et de coucher.

— Proposer des contrats pour le temps alloué aux études, aux loisirs, à la TV.

— Ne pas permettre l'arrêt d'un engagement (sport par exemple) sans avoir terminé le cycle complet.

— Établir une liste de tâches quotidiennes incontournables, scolaires et extrascolaires (rangement de la chambre, du linge, participer au nettoyage d'une pièce de vie commune, aider au jardin, etc.).

— Négocier un véritable contrat avec lui avec des exigences scolaires pour chaque semaine (temps d'études, réalisations) et leurs éventuelles récompenses ou « pénalités ».

— Lier un « argent de poche » aux résultats scolaires et à l'accomplissement de certaines « tâches ménagères ».

Surveiller !

— Bien vérifier régulièrement l'état du cartable, du petit matériel d'école.

— Regarder chaque semaine les cahiers scolaires.

— Vérifier s'il a bien appris une leçon ou effectué un devoir, désapprouver dès qu'il est « hors norme ».

— Rencontrer régulièrement les enseignants pour non seulement vérifier la réalité scolaire de l'enfant mais aussi pour évaluer les changements de comportement et d'attitudes dans le court terme.

L'accompagner !

— Aider l'enfant à mieux s'organiser dans le temps pour un devoir prévu, établir des étapes de réalisation (voir le chapitre « Gestion du temps »).

— Anticiper sur un mois et plus quant aux priorités en termes de « rattrapage scolaire ».

— Donner des défis réalisables à court terme pour qu'il remporte ses premiers succès.

L'encourager !

— Féliciter l'enfant dès que vous êtes témoin d'un réel effort de sa part.

— Trouver des « renforcements » ou activités qu'il apprécie et qu'il pourra entreprendre si le travail est correctement fait (une balade avec des copains, une activité sportive, un achat de vêtement, un jouet...).

— Renforcer le moindre progrès dans une zone d'échec, ne pas attendre le « miracle » ou une trop longue échéance.

— Bien lui signifier l'équation « plus tu travailles dur, plus tu progresses ».

Témoigner des progrès !

— Utiliser des schémas, des graphiques ou diagrammes pour l'aider à visualiser les efforts accomplis.

— Ne pas évaluer que les notes scolaires mais renforcer positivement les attitudes nouvelles devant le quotidien de l'école.

— Encourager lorsque les résultats ne viennent pas aussitôt (le retard est parfois si grand qu'il faut plusieurs mois avant de voir un effet sur les notes).

Montrez-lui qu'éviter les frustrations majore les désagréments !

— Ne pas ranger régulièrement sa chambre exigera de bonnes heures de nettoyage plus tard.

— Éviter d'apprendre une leçon maintenant, c'est accumuler les lacunes pour un futur « rattrapage » pendant un dimanche, ou des vacances…

— Différer un devoir jusqu'à la fin d'un weekend ou des vacances ne donne que de la culpabilité pendant les soi-disant « loisirs »…

— Négliger telle matière scolaire oblige à y retourner plus encore dans le futur…

— Se disperser dans des activités ou des loisirs, c'est s'exposer à n'être bon nulle part…

— Ne rien faire maintenant, c'est risquer de ne pas pouvoir choisir la profession idéale ou « rêvée » plus tard…

— Enfin, contourner toute frustration majore toutes les contraintes futures de la réalité, d'où une fragilité qui pourrait devenir pathologique.

TECHNIQUES POUR AIDER
L'ÉLÈVE INTOLÉRANT AUX FRUSTRATIONS
À ENTAMER UNE TÂCHE SCOLAIRE

— technique du « KO » : toujours commencer par la tâche la plus dure et la plus ennuyeuse,
— technique « salami » : concasser cette tâche difficile en multiples étapes à résoudre,
— technique des « cinq minutes » : se donner des séquences de temps courtes, éviter une longue période d'étude,
— anticiper : évaluer les avantages et inconvénients d'accomplir la tâche frustrante ou de la différer,
— repenser à ses objectifs à long terme : envisager de nouveau le « rêve », établir le lien entre le futur et ce que l'on peut faire dès maintenant,
— technique « récompense » : s'autoriser à faire une activité de loisir après l'accomplissement de la tâche frustrante,
— s'isoler : rester dans un lieu de travail non « parasité » par téléphone, fratrie, radio, TV, etc.
— afficher de nombreux « aide-mémoire » dans le lieu de travail : l'objectif à long terme, l'emploi du temps hebdomadaire, le diagramme ou « gratte-ciel », des slogans qui parlent : « cesse de différer ! » « flemme aujourd'hui = encore plus de frustrations demain ! »

Sanctionner ?

Exiger, positiver, stimuler, cela ne semble pas suffire dans certains cas très « durs ». Vous devez alors sanctionner les attitudes inacceptables de votre enfant.

Vous n'aimez pas ce verbe, vous avez raison. Il s'agit cependant de « conséquences » et non de punitions pour faire mal. Ainsi, tel acte mérite une conséquence négative s'il n'existe aucune explication valable. Il vous faudra d'abord vous mettre d'accord avec votre conjoint pour établir la « liste » des « interdits » concernant l'école. Il vaut mieux être d'accord sur peu d'exigences qu'en désaccord sur beaucoup. À ce titre, vous trouverez dans l'ouvrage *Mon enfant s'oppose*, de G. George (dans la même collection), une excellente adaptation de la théorie dite de « l'économie des jetons » pour décider des exigences et des gratifications selon les comportements.

Une sanction peut s'annuler : vous l'avez compris, lorsque l'un des parents ne « suit » pas ce qui a été décidé mais aussi dans deux autres cas :

— *hors maison :* lorsque l'enseignant ne donne aucune conséquence aux passages à l'acte mais reste dans les conciliabules. Notre enfant intolérant aux frustrations voit rapidement les incohérences éducatives des adultes ;

— *à la maison :* il n'est pas question de devenir « tortionnaire » mais, si la conséquence est sévère (suppression d'une séance de loisirs ou de sport à l'extérieur), l'enfant ne doit pas trouver une autre attraction dans son environnement : regarder la TV, « jouer à l'ordinateur », faire du vélo… il doit retrouver le minimum de possibilités de se faire plaisir, l'objectif est bien de ne pas le renforcer, de ne pas le récompenser dans ses dysfonctionnements.

Un parent « conflictuel » ?

« Conflictuel » ne veut pas dire méchant ou agressif. Il s'agit bien d'aider votre enfant à se sortir d'attitudes immatures qui ne font que le renforcer dans sa démotivation scolaire. Pour qu'il puisse progressivement accepter de nouveau les incontournables frustrations liées à l'apprentissage scolaire, il est souhaitable d'expliquer, de stimuler, de positiver, d'organiser, d'accompagner mais aussi, nous l'avons vu, d'exiger, d'interdire, de vérifier et parfois même de sanctionner. Votre enfant risque de vous regarder dans un premier temps comme un ennemi et touche alors vos zones « sensibles » de parent.

Aux... *« tu n'as pas confiance ! » « tu ne m'aimes pas !... » « vous êtes méchants !... » « les autres parents sont plus gentils... »* répétez-vous inlassablement ces phrases réalistes... *« c'est parce que nous l'aimons que c'est dur pour lui aujourd'hui... », « ses problèmes actuels font que c'est trop tôt pour avoir confiance... », « le laisser faire ne fera qu'aggraver les difficultés... », « ce sera dur maintenant mais on travaille pour l'avenir !... » « l'intolérance aux frustrations peut générer des pathologies plus lourdes à l'adolescence... ».*

Et puis quoi encore !...

Combien de fois nous sommes-nous dit : « S'il faut faire tout cela ! » Cette réflexion est courante lors de nos consultations psychologiques. Eh oui, être parent d'un enfant « intolérant aux frustrations » ne sera pas de tout repos. Cela exige une vigilance de tous les jours, avec son lot de frustrations pour nous les adultes. La règle est la même : vaut-il mieux accepter ces « contraintes » éducatives au quotidien ou est-ce vraiment mieux de gérer le lendemain des situations plus complexes, voire autrement plus dramatiques qu'un problème de démotivation scolaire ? Nous en sommes le témoin, beaucoup de tempéraments « intolérants aux frustrations » qui n'ont pas été stoppés « éducativement » dans leur jeune âge se sont vite engouffrés dans des pathologies telles que la délinquance, la toxicomanie et à coup sûr la marginalisation. Intervenir, confronter, sanctionner parfois, est-ce devenir un parent « frustrant » ou simplement un « éducateur » ?

ACCEPTER LES FRUSTRATIONS !

C'est…
— faire le travail scolaire avant toute autre activité
— accepter d'apprendre ce qui n'est pas toujours très intéressant
— comprendre que la scolarité est utile pour l'avenir
— se donner un temps de travail quotidien à la maison
— obtenir des récompenses pour ce qui est accompli
— différer son plaisir et donc l'accroître plus tard
— être jeune, pas « immature »…

Émile ou l'anti-Rousseau !

Émile ou l'antithèse des propos du célèbre auteur… A contrario *de l'élève de ce dernier qui s'accommodait au réel avec une éducation où régnait l'équilibre entre la singularité, la richesse propre de l'enfant et l'humilité devant les incontournables exigences de la réalité, voici « notre » Émile début de XXIe siècle, élève de 6e et ses « recettes » au vu des résultats du troisième trimestre et de l'annonce du « non-redoublement » demandé par les parents.*

Le Nouvel Émile : *Ils veulent que je passe mais j'ai rien appris… Ils ont peut-être raison, mais ça m'étonnerait que je refasse le retard !… Remarquez, mon père me donne un abonnement pour la saison de foot si je suis bien les cours de maths en juillet…*

Le thérapeute : *Nous avons fait des tas de choses ensemble… Souviens-toi… Tu n'avais pas d'objectifs… tu gérais mal ton temps… tu n'avais aucune méthode de travail… Tu ne lisais jamais les consignes… Alors, pourquoi les mêmes commentaires des profs qu'au bulletin du premier trimestre ? : « Ne fait rien en classe », « Intelligent quand il le veut !… », qu'est-ce qu'il aurait fallu faire ?…*

Émile : *C'est comme pour le bus !…*

Le thérapeute (« reformulant » en écho comme il se doit) : *Le bus ?…*

Émile : *Si j'étais dans un village loin du collège mais pas trop loin… j'aurais le choix entre y aller à pied et prendre le bus… pourtant je suis sûr qu'y aller à pied, ça me ferait du bien…*

Le thérapeute : *Et alors ? tu préfères la marche au bus maintenant ?…*

Émile : *Non, non, je préférerais ne pas avoir le choix… que je sois obligé d'y aller à pied !…*

Le thérapeute : *Parce que ?*

Émile : *Si je choisis seul, je prends ce qui est plus facile…*

Le thérapeute : *Tu voudrais qu'on choisisse pour toi ?…*

Émile : …

Le thérapeute : *Même si c'est pas le choix que tu ferais ?…*

Émile : … (silencieux mais pas opposé…).

Ce début de prise de conscience me rassurait, mais l'année de 5e allait s'avérer encore plus déroutante… pas de redoublement, des gratifications inopportunes des parents malgré nos conseils et tout le lot permissif habituel qui reprenait le pas… et notre Émile de me dire : « Je serais bête de pas en profiter, non ? Ils n'ont pas compris... ils me donnent toujours le choix... »

EN RÉSUMÉ

L'intolérance aux frustrations est souvent essentielle dans les problèmes de démotivations scolaires. Là encore, le discours, le « verbe » ne sauraient suffire : l'enfant « intolérant aux frustrations » attend des exigences, des contrats, de la réalité et des pénalités s'il ne les respecte pas. Le laisser faire serait le fragiliser pour le long terme. Sans reprendre les excès de la déesse Thétis, il est bon d'apprendre la frustration pour que l'enfant devienne plus fort devant le réel (et nous n'avons pas parlé de rendre notre progéniture immortelle !). L'éducation non permissive, exigeante, contraignante mais positive doit redevenir une priorité domestique quotidienne, elle est le tremplin pour une meilleure acceptation des frustrations de la réalité en général et des exigences scolaires en particulier.

Chapitre 12

Non-performance scolaire et autres attitudes...

« Ce n'est pas tout à fait lui »

Vous ne retrouvez pas votre enfant dans les précédents chapitres, les descriptions vous semblent trop réductrices. Nous l'avons précisé, nous ne saurions isoler votre enfant dans un quelconque carcan théorique, son originalité, ses comportements, ses goûts font de lui un « être spécifique à part entière ». Nous avons exposé trois grandes attitudes (l'anxiété, l'autodépréciation, l'intolérance aux frustrations) et deux dysfonctionnements majeurs (absence d'objectifs et mauvaise gestion du temps) qui nous semblent non seulement importants, mais aussi communs aux jeunes élèves en difficulté scolaire. Aucun modèle psychologique de développement général ne peut répondre à nos interrogations, l'approche différenciée nous enseigne la prudence lorsqu'il s'agit d'appréhender un problème chez l'enfant, une dysharmonie, qu'elle soit d'origine cognitive (sa façon d'apprendre) ou affective (comment il se motive pour s'instruire, ce qu'il rejoue à l'école). L'exhaustivité est impossible. Il est cependant souhaitable d'évoquer certaines autres attitudes qui conduisent à la difficulté d'apprentissage, à la démotivation, voire à l'échec tout court. Nous commencerons ce chapitre par quelques nouveaux conseils.

Le syndrome de Peter Pan

Les Anglo-Saxons utilisent cette expression pour des enfants qui refusent de grandir et tentent de reculer toute maturité pour se complaire dans des comportements puérils. Cela ne signifie pas le désir de se réfugier dans un monde quasi psychotique, mais plus sûrement une volonté de ne pas se confronter aux exigences de la maturité. Ces enfants se complaisent dans le rêve et évitent toutes les obligations scolaires : pour eux, réussir à l'école signifierait se révéler et se voir contraints de prendre des responsabilités et de quitter le monde du jeu et de l'insouciance. Bien souvent, derrière ces comportements immatures, nous retrouvons une grande intolérance aux frustrations. Celle-ci est plus nuancée puisqu'elle ne s'affiche pas par des comportements d'opposition systématique mais par des attitudes de rêverie, d'incompréhension ou de régression. Ces enfants ont l'art de déclencher chez leurs parents des attitudes très protectrices ou nourricières. Les comportements immatures incitent les parents à trouver de nouvelles stimulations, des aides, ce qui déresponsabilise leur enfant au maximum. À l'inverse, il est surtout souhaitable de les solliciter pour qu'ils se prennent en main.

« Je suis jeune, pas immature ! »

Benjamin, un brillantissime contradicteur de 10 ans, ne cessait de rendre son jeune âge responsable de tous ses maux…

Benjamin : *C'est parce qu'il est grand que Jonathan* (son frère) *travaille bien… Au lycée, on est grand, on peut travailler…*

Le thérapeute : *Il n'est pas si vieux, il vient d'entrer en seconde… il est encore jeune… Tes parents m'ont dit qu'il travaille correctement depuis les classes primaires…*

Benjamin : *Oui mais, moi, je suis plus « bébé » que lui, au même âge, Maman me l'a dit…*

Le thérapeute : *C'est une maladie ?…*

Benjamin : *Non… j'ai pas envie d'être comme lui… je suis encore un enfant…*

Le thérapeute : *Donc…*

Benjamin : *L'école, c'est pas fait pour les enfants…*

Cette réplique me ramenait quelques jours auparavant quand un adolescent avait ponctué la séance par un « on est des ados, c'est pour ça qu'on n'aime pas l'école… ». Comme ce T-shirt que j'avais remarqué sur le dos d'un teenager californien « I am not immature, I am young ! », j'aurais tellement préféré un « c'est dur de grandir » à ce faux pléonasme qui voudrait que l'enfance rime avec immaturité. La maturité s'évalue au regard du développement affectif et mental à un certain âge et non en comparaison des exigences adultes. L'immaturité n'est pas l'enfance ou

l'adolescence mais le simple décalage entre un potentiel et des comportements.

Un enfant sous influence

Il est très sensible aux contextes, souvent influençable. Le poids de l'éducation parentale semble ne pas résister aux influences extérieures, qu'elles soient celles des copains ou sociales. Ces enfants résistent peu aux modes du moment et se retrouvent souvent à l'avant-garde des teintes de cheveux, piercings, faux tatouages, tenues vestimentaires provocantes. Nous pensions que ces attitudes extravagantes étaient l'apanage des adolescents… Nous retrouvons désormais les mêmes excès, même si les manifestations sont moindres, chez de jeunes enfants qui tentent eux aussi de se singulariser dans un contexte parental des plus permissifs. Nous l'avons souligné, il n'est pas question de s'opposer systématiquement à l'originalité de votre enfant, mais de bien distinguer ce qui est de sa spécificité de ce qui est de son « influençabilité ».

Le souhait des parents que l'enfant soit libre, qu'il « s'exprime » est parfois un argument fallacieux. S'il faut intervenir, c'est dans l'intention de s'opposer à certains comportements qui sont de véritables passages à l'acte et non pour brider une quelconque expression. Le but n'est pas de le faire rentrer dans la norme adulte mais le souci de ne pas le voir s'exclure de la norme des enfants de son âge : savoir évaluer avec l'enfant ce qui est acceptable et ce qui est outrancier. L'enfant conformiste se croit le plus souvent différent, original, affirmé alors qu'au contraire il est des plus classiques dans sa quête du nouveau. Les médias et les commerces de distribution stimulent d'ailleurs cette pseudo-liberté des goûts et des choix. Si cette conformité n'était que musicale, vestimentaire, sportive ! Elle se manifeste aussi dans le domaine scolaire avec des slogans « anti-école ». « Aller à l'école est inutile… trop de futurs chômeurs… », « on n'y apprend rien de valable », « il faut en profiter quand on est jeune, on a toute la vie pour s'ennuyer ! » « l'école c'est pour les intellos », « tu ne vas pas devenir une "tête" ! » « les profs se moquent de nous » et, plus récemment : « c'est un métier de fainéants… », « tu n'as pas de personnalité si tu fais ce qu'on te demande ! »

Du refus scolaire à la prédélinquance ?

Ce genre de réflexions peut aller jusqu'à un véritable système de valeurs à l'envers proche des pseudo-valeurs des gangs de délinquants : refuser tout ce qui est « bourgeois », se marginaliser dans le refus, le soi-disant non-conformisme, dans la provocation vestimentaire, l'atteinte à son intégrité corporelle jusqu'à la volonté d'aller plus loin et plus tard dans l'exclusion *via* la prise de drogues et d'autres passages à l'acte. Nous ne forçons pas le trait : de nombreux enfants entrent dans une « prédélinquance » dès les premières années de collège, et souvent bien avant dans des environnements où à la faillite sociale s'ajoute la démission éducative. Dans certains contextes, l'enfant peut apprendre que l'ennemi n° 1 est la réussite scolaire. Être un « bon » devient avant tout *être un mauvais élève.*

Une précrise d'adolescence ?

Là encore, derrière cette « influençabilité », nous remarquons une pseudo-quête de soi ou une soi-disant « précrise d'adolescence ». En fait, la réalité est bien plus banale : derrière ces « problèmes d'identification » se cache le plus souvent une intolérance aux frustrations importante qui n'attend qu'une réponse parentale ou sociale adéquate. Même si cela est difficile pour les parents, il est surtout indispensable de disputer cette idée que les « pairs » sont de vrais amis et il faudra « peser » plus qu'eux : les soi-disant « vrais amis » prônent cette philosophie du rejet scolaire pour quoi ? Quel est leur vécu, leur potentiel ? Quel est le réel enjeu des phénomènes de croyance collective ?

Derrière le refus de s'intégrer à l'école, n'y a-t-il pas surtout des attitudes telles que *le manque de confiance en soi, la dévalorisation* et *l'intolérance aux frustrations* avec son cortège de défenses et de faux-semblants ?

Déficitaire ?

Si de nombreuses interventions parentales ne donnent que peu de résultats, il est désormais souhaitable de se questionner sur le potentiel réel. En général, ces évaluations devraient se faire conjointement avec l'évaluation émotionnelle de l'enfant mais, bien souvent, elles sont faites en deux temps : des tests de quotient intellectuel et une évaluation « affective » ensuite. S'il est déjà difficile d'évaluer émotionnellement son enfant pour un parent (et nous espérons que cet ouvrage peut faciliter les choses), il est souvent délicat d'envisager son réel potentiel mental, son « cognitif ». Quoi qu'il en soit, si vos observations vont dans le même sens que celles des enseignants : il est travailleur, sans souci émotionnel particulier, mais l'écart est grand entre les résultats demandés et la masse de travail fourni, vous pouvez être confronté à un potentiel faible. Ces difficultés se traduisent souvent dès l'apprentissage de la lecture, de l'écriture, lors des premiers exercices mathématiques de raisonnement. Dans ce cas, il est préférable de faire le point avec un psychologue spécialiste du fonctionnement opératoire de l'enfant qui saura inclure une évaluation dynamique du potentiel d'apprentissage (évaluation type « LPAD » de Feuerstein) pour bien distinguer les dysfonctionnements opératoires des déficits de potentiel.

Parallèlement, une évaluation émotionnelle est recommandée pour faire émerger les « cognitions » ou monologues intérieurs qui accompagnent les déficits : sont-ils créateurs de lacunes ou en sont-ils les conséquences ?

Les surdoués

Nous ne reviendrons pas sur la traduction « psychologisante » des élèves « surdoués » ou tout au moins sur l'interprétation « élève qui s'ennuie = surdoué ». Avant d'émettre une telle hypothèse, il est bon de vérifier la performance de l'enfant en situation scolaire. Très souvent, les élèves doués ont de bons résultats scolaires et ce dans toutes les matières. De plus, ils savent lier leur potentiel à une dose de travail minimal à la maison. Ils ne profitent pas de leur potentiel pour délaisser la matière scolaire et faire le moindre effort à la maison, ils aiment au contraire se perfectionner, anticiper tel ou tel cours. Nous faisons ces remarques pour ne pas confondre le « surdoué » avec l'élève à fort potentiel mais intolérant aux frustrations. Les surdoués sautent en général les classes et continuent d'exceller quant aux résultats. Il est souhaitable de les stimuler, de les « alimenter » au maximum pour éviter les démotivations. Le passage en classe supérieure reste une bonne solution mais attention à ne pas oublier la dimension affective, émotionnelle de leur personnalité. Les parents doivent rester vigilants et ne pas accentuer le « don » de leur enfant : ne voir dans le scolaire, dans les apprentissages et les connaissances que l'unique objectif de la vie reviendrait à dire que seule la réussite sociale ou professionnelle compte. L'évaluation « totale » de l'enfant doit s'imposer : que fait-il en dehors des activités scolaires ? Que développe-t-il d'autre que ses capacités mentales ? *Quid* du relationnel ? *Quid* de la créativité ?

Il existe certes des individus de haut niveau tout à fait équilibrés et chez lesquels l'équation « fort en thème, faible ailleurs » se révèle fausse. Mais nous avons aussi beaucoup vu ces adultes « brillants », impuissants à gérer des situations humaines conflictuelles, inhibés devant la réalité quotidienne, timorés devant les exigences d'expression et de créativité, soumis qu'ils étaient à une sacro-sainte logique mathématique actualisée à tous les contextes.

Que cette pensée logico-mathématique s'avère performante pour des dysfonctionnements techniques, soit, mais qu'elle puisse s'appliquer aux relations affectives et humaines en général, quelle aberration ! Alimenter les forts potentiels est incontournable pour éviter la démotivation d'une sous-stimulation intellectuelle, mais il ne faut pas négliger l'actualisation de toutes les autres facettes de la personnalité : activités sportives, vie relationnelle, créativité.

L'enfant hyperactif

Derrière cette terminologie d'hyperactivité, il existe un réel danger d'incompréhension. Les réponses qui sont apportées peuvent être inadaptées, en tout cas exagérées, surtout lorsque des spécialistes évoquent sa fréquence : « La prévalence des troubles de l'attention avec hyperactivité est estimée entre 3 et 5 % de la population normale en âge scolaire… Soulignons qu'en milieu clinique (chez les enfants qui consultent) la prévalence de ce diagnostic atteindrait de 22 à 40 %, ce qui en ferait *l'une des pathologies les plus fréquentes de la pédopsychiatrie*[3]. » Ces pourcentages sont effrayants, encore plus terribles sont les demandes des parents et parfois les réponses des spécialistes devant ces symptômes : une prescription médicale, régulatrice, « calmante », là où il ne s'agit peut-être que de problèmes de comportement. Inutile de nier les cas sévères d'hyperactivité quasi psychotique qui ne répondent à aucune intervention éducative ou rééducative. Nous

---

3. Thomas et Willems, *in Troubles de l'attention, impulsivité et hyperactivité chez l'enfant*, Paris, Masson, 1997.

sommes bien d'accord qu'un régulateur chimique est bien souvent le seul moyen de reprendre contact avec la réalité extérieure et les autres. Le danger est de ne pas vérifier toutes les hypothèses de travail avant de diagnostiquer ce genre de syndrome.

Guérissez-le !

Bien souvent, les parents décrivent le symptôme par souci de voir la « pilule miracle » qui le « calmera », sans aucune remise en cause de leurs attitudes éducatives. Nous avons d'ailleurs les mêmes demandes en consultation de psychologue clinicien, psychothérapeute : trouver le pourquoi de ses dysfonctionnements, le noyau des troubles. Quelle frustration lorsque les parents redécouvrent peu à peu que leur « cheval fougueux » relève plus du « dressage », donc de l'éducatif que du psychologique, de la psychothérapie. D'où le succès des approches très « psy » qui promettent une rémission des symptômes dans l'alcôve psychothérapique sans jamais rien exiger quant à l'éducation parentale. Pourquoi ce soupçon d'amalgame entre syndrome d'hyperactivité et problème comportemental, affectif ou purement « cognitif » (« sa » façon d'apprendre) ?

Attention au « tout biologique » !

Ainsi, comment ne pas frémir à la lecture des « critères diagnostiques du trouble déficit de l'attention/hyperactivité » : tout ce qui est analysé décrit ce que nous évoquons dans l'« attitude d'inattention en classe » avec son cortège de comportements tels que la non-intégration des consignes à l'école, la perte du petit matériel scolaire, le manque de méthode, l'influençabilité, l'hyperactivité. Sont évoquées l'hypermotricité, la réticence à intégrer les interdits sociaux de vie en groupe, l'intolérance aux contraintes d'où qu'elles viennent. Pour nous, ces symptômes traduisent une fois de plus une attitude *d'intolérance aux frustrations*. Si les réponses que nous avons suggérées sont sans effet sur cette intolérance aux frustrations de l'enfant, pourquoi ne pas explorer les éventuelles carences biologiques et les réponses médicamenteuses. Mais, répétons-le, dans un contexte social où tout doit être traité rapidement et « logiquement », il serait dangereux de ne pas entreprendre une démarche de diagnostic différencié (rencontrer des spécialistes d'obédience différente) si votre enfant manifeste les troubles décrits ci-dessus.

Médicament ou psychothérapie ?

Comment ne pas réagir lorsque certains ne voient que l'issue psychothérapique pour les difficultés d'apprentissage scolaire ! Classiquement, les propositions de traitement prônent les approches psychologiques habituelles et admises dans nos cultures : la thérapie analytique individuelle ou familiale, « systémique ». Cette dernière consiste à étudier le « système » familial avec ses interactions ; partant de ce postulat, l'enfant peut devenir le « patient désigné » de la famille à travers son symptôme scolaire. Ses difficultés traduisent une problématique familiale dont il est plus victime qu'acteur. À cet exemple d'interprétation psychologique très actuelle peut s'opposer un « biologisme » lui aussi très contemporain.

Le traitement de l'hyperactivité témoigne lui aussi d'une volonté quasi dogmatique d'appréhender les problèmes de comportement. L'ambiguïté est qu'il existe non seulement une confusion entre l'hyperactivité et le problème de comportement lié à l'intolérance à la frustration, mais aussi une confusion *entre le déficit d'attention et l'impulsivité cognitive* (c'est-à-dire la mauvaise intégration des données et les difficultés de résolution par trop grande réactivité mentale et par absence de « critère pertinent » telles que nous les avons décrites dans le chapitre « Gestion du temps ».) Ces dernières remarques ne veulent aucunement être polémiques mais tiennent à rétablir le bien-fondé de démarches praticiennes dites « dissidentes » comme celles de l'approche cognitive et comportementale.

D'autres attitudes parentales...

Il n'est pas possible de vous donner un fil conducteur général, des « recettes » éducatives pour déjouer la démotivation scolaire de vos enfants. Il existe cependant des attitudes parentales qui aident et facilitent un travail de remotivation. Les premières *confrontations* proposées sont purement verbales, cognitives, questionnantes et volontairement conflictuelles (socratiques...), les autres se veulent empiriques, vécues dans la réalité quotidienne.

➤ Confrontations « socratiques »

— Insister sur la réflexion quant à l'avenir, aux objectifs personnels ou professionnels, véritables stimulateurs du comportement et de l'apprentissage scolaire.

— Enseigner (et le montrer en modèle) l'acceptation des frustrations à court terme pour un « hédonisme » ou satisfaction à moyen et long terme.

— Confronter toutes les attitudes d'autodépréciation et solidifier l'enfant dans son acceptation de soi.

— Stimuler les comportements d'indépendance pour éviter le piège de l'attente de l'autre, du regard de l'autre ou de son approbation, et lutter ainsi efficacement pour une meilleure acceptation de soi.

— Favoriser l'optimisme et annuler les idées défaitistes, dévalorisantes ou pessimistes.

— Renforcer la maturité de l'enfant pour qu'il se réattribue la responsabilité de ses actes (lieu de contrôle interne) et refuse désormais l'attribution « externe » de toutes ses difficultés.

— Aider pour mémoriser des matières ardues : non pas l'apprentissage par cœur mais savoir extraire l'information pertinente, classifier, regrouper. Se servir de Stabylo pour souligner, synthétiser avant l'apprentissage.

— Confronter constamment les réactions immédiates et les tentatives de résolution rapide : pourquoi cette question ? Quelle est l'information essentielle ? Quelle est la véritable stratégie ? Pourquoi œuvrer en ce sens et pas autrement ?

— Établir de véritables « contrats de changement » avec inventaire des difficultés, des manques, des déficits et plan pour y remédier avec échéances et leurs nécessaires vérifications.

— Savoir gratifier et renforcer le moindre succès dans une zone d'échec : souvenons-nous de l'effet

Pygmalion, surtout pour les enfants anxieux ou intolérants aux frustrations.

— Devenir un parent « conflictuel » : non pas agressif ou rejetant mais savoir affirmer son autorité, ses désaccords et intervenir à la « première marche de l'escalier ». Ne pas attendre l'escalade des comportements offensifs qui amèneront un réel rejet parental *via* des brimades, exclusions ou dénigrements (il est plus facile de vérifier et redonner une tâche non faite que de sanctionner un bulletin trimestriel exécrable).

— Séquencer le travail avec de nombreuses étapes de réalisation (de la technique du « salami » à la planification d'un devoir).

Nous reprenons avec M. Bernard un tableau résumé pour l'acquisition de nouvelles attitudes.

POTENTIEL NON ACTUALISÉ	**ACTUALISATION DU POTENTIEL**
Absence d'objectifs	Fixer des objectifs
Pas de maîtrise du temps	Gestion du temps
Lieu de contrôle externe	Lieu de contrôle interne
Pessimisme	Optimisme
Impulsivité mentale	Intégration des données avant l'analyse et la réalisation
Intolérance aux frustrations	Acceptation des contraintes
Autodépréciation	Acceptation de soi
Recherche de l'approbation d'autrui	Indépendance
Perfectionnisme	Prise de risque

➤ Confrontations quotidiennes ou empiriques

Si la mise au travail est délicate, repenser aux techniques du KO : commencer immédiatement par le plus frustrant et non l'inverse, parcelliser les tâches en petites séquences.

— Avec ce principe de la « première marche de l'escalier » ou premières exigences, tenter de rétablir des règles de vie quotidienne simples, des « routines », des interdits, des aides pour une meilleure acceptation des contraintes, vers un apprentissage de la réalité avec ses inévitables frustrations.

— Ne pas craindre les pénalités dès que l'enfant est hors cadre ou hors contrat : la réponse immédiate se révèle toujours performante même si elle est conflictuelle et frustrante. Les promesses de sanctions massives et futures sont rarement efficaces. Là encore : la réponse à la « première marche de l'escalier ».

— Accepter les rechutes ou récidives, elles font partie du changement ! Et pourquoi ne pas appliquer en éducation certains principes du management industriel quand il s'agit de stimuler des changements chez l'homme ?

DES ÉTAPES POUR CHANGER !

— sensibiliser l'enfant au problème
— communiquer avec lui et provoquer son adhésion
— le faire coopérer dans l'établissement des changements
— renforcer dans les moindres progrès ou changements
— envisager les récidives comme un processus normal et se demander quelle étape de changement n'a pas été respectée.

N'oublions pas les activités sportives !

Il n'est pas question de dissocier l'activité scolaire du jeune enfant des autres occupations. Ce n'était pas le propos de cet ouvrage de vanter les mérites des activités physiques et de leur influence bénéfique sur le psychologique et sur l'apprentissage en général. Mais sans rentrer dans les détails d'une hygiène de vie quotidienne, il est certain que la devise « un esprit sain dans un corps sain » demeure d'actualité. Vous vous devez de veiller à la régularité du sommeil, au bon équilibre alimentaire, ainsi qu'à une judicieuse répartition entre les activités d'études et les loisirs. Encore trop ignoré dans nos cultures, le sport doit prendre une place de plus en plus dominante. Sans vouloir revenir aux bonnes vieilles valeurs, nous devons favoriser au maximum les activités sportives. Elles apportent bien souvent un espace éducatif indispensable : savoir accepter l'autre et mettre de côté l'individualisme exacerbé, reconnaître l'effort comme une étape vers la satisfaction.

EN RÉSUMÉ

Il nous semblait important de réagir une fois de plus devant les tentations d'interprétations, les diagnostics tout faits et les recours trop rapides chez les « spécialistes ». Nous verrons, dans le dernier chapitre, l'approche clinique et thérapeutique lorsque nos actions quotidiennes répétées échouent et que certains symptômes s'amplifient. Avec de nouveaux exemples autour de l'immaturité, du conformisme, du potentiel mental, de l'hyperactivité, nous avons tenté de vous faire partager notre souci de vaincre une nouvelle culture « anti-école » sous-jacente. Il nous faut désormais être vigilants en tant que parents pour contrecarrer cette image par les modèles que nous offrons à nos enfants, par nos contre-arguments, notre aide, nos encouragements mais aussi par nos exigences, nos interdits et les indispensables réponses s'il y a déviance. Restez avant tout parent, redevenez l'observateur des comportements inappropriés de vos enfants pour mieux les éduquer ensuite.

Chapitre 13

Si c'est plus sérieux...

Pour nous ou pour lui ?

« Si on ne peut plus aller au restaurant ! »
Le thérapeute : *Vous me dites que rien n'a marché avec Jérémy ?...*
Le père : *On a tout essayé, même les sanctions...*
La mère : *Je vous l'avais dit, le chantage ne fait rien à Jérémy...*
Le thérapeute : *Parlez-moi du dernier incident...*
Le père : *Il avait eu un comportement déplorable en classe... nous lui avons supprimé la TV au retour de l'école... comme vous aviez dit s'il recommençait l'« escalade » !*
Le thérapeute : *Et ne plus regarder « son » émission préférée n'a eu aucun impact ?...*
La mère : *Dès le surlendemain, il y avait une autre histoire de bagarre à la cour de récréation...*

Le thérapeute : *Étonnant !... il n'a pas eu de gratification le soir de la sanction ?... Des jeux dans sa chambre ?... une visite en famille ?... des loisirs avec son frère ?...*
La mère : *Non, comme vous l'aviez dit... la fermeté !...*
Le père : *C'est vrai que nous sommes allés en famille au restaurant le lendemain de la punition... il faisait si beau temps pour la saison !...*
Le thérapeute : *Vous vous souvenez... l'annulation de la sanction !...*
La mère : *Si on ne peut plus sortir au restaurant !...*

Vous serez souvent tenté de faire appel à des « spécialistes » quand les résultats se font attendre, quand les « dysfonctionnements » de votre enfant entament votre *propre seuil de tolérance à la frustration*. Appréhender la démotivation scolaire n'est pas chose aisée, nous l'avons vu. Il vous faut quitter certaines croyances, apprendre à observer, confronter l'attitude de votre enfant et agir parfois avec non seulement sévérité mais régularité. Nous devons persévérer, ne rien lâcher, travailler avec les enseignants, communiquer avec nos proches et trouver ensemble une véritable « stratégie ». Le faire est non seulement difficile mais le plus souvent très « frustrant », cela empiète sur notre liberté et notre plaisir.

Qui a réellement envie d'éduquer après une journée de travail souvent fastidieuse, non gratifiante, par conséquent « frustrante » ? Nous sommes alors tentés de reprendre nos hypothèses premières, de « psychologiser » les difficultés scolaires de l'enfant et de l'emmener vers celui qui, selon les compétences reconnues, saura le prendre en charge sans trop nous faire intervenir. Le « nous ne savions plus quoi faire » cède vite le pas au « le spécialiste fera à notre place !… ». Ce chapitre se propose d'informer mais ne saurait annuler l'objectif de notre témoignage : appréhender la difficulté scolaire par votre savoir-faire parental.

C'est grave, docteur ?…

Vous avez défini quelques projets et objectifs avec votre enfant. Son temps de travail à la maison est désormais réparti en séquences, des outils lui sont donnés pour mieux partager les apprentissages, anticiper les leçons ou devoirs. Vous savez qu'il existe une attitude dominante chez lui et vous avez favorisé son indépendance lorsque son anxiété dominait, vous l'avez revalorisé et positivé chaque fois qu'il se dénigrait, vous avez agi fermement et de concert avec la famille et les enseignants lorsqu'il manifestait de réels passages à l'acte immatures. Rien n'y fait, les dysfonctionnements perdurent et s'amplifient… vous remarquez au contraire une aggravation des troubles. L'hypothèse éducative ne donne rien à moyen terme et elle ne saurait être suffisante. Il faut donc une intervention « spécialisée » sans toutefois abandonner les actions parentales menées jusque-là. Faire appel au spécialiste ne doit aucunement signifier le retour aux habitudes que nous avons clairement identifiées comme acteurs de démotivation.

Nous ne saurions vous proposer un dictionnaire de psychopathologie, mais nous évoquerons quelques exemples que nous pouvons rencontrer dans notre pratique : d'une part, et c'est *l'aspect opératoire* (fonctionnement des capacités mentales), *l'aide méthodo-*

logique ne suffit pas et l'enfant devra véritablement « apprendre à apprendre », d'autre part, les *attitudes inadéquates* de l'enfant se rigidifient et se manifestent de façon exponentielle pour évoquer une *pathologie plus lourde.*

Des capacités d'apprentissage déficitaires

Vous aidez votre enfant, il se montre coopératif, ne témoigne pas d'une opposition au scolaire en général, les grandes attitudes évoquées dans les différents chapitres ne dominent pas. En revanche, vous percevez des difficultés pour comparer deux données différentes, pour classer, regrouper des informations, pour travailler logiquement avec plusieurs paramètres et ce dans toutes les matières enseignées. Vous avez remarqué ces difficultés hors du champ scolaire, qu'il s'agisse d'aberrations logiques, d'une latéralisation mal définie, d'incapacités à résoudre mentalement, d'une abstraction faible. Il peut s'agir d'un déficit opératoire qui traduirait un potentiel mental moyen ou très faible. Il sera souhaitable de prendre rendez-vous avec le spécialiste. Il décidera de l'aide appropriée : vers un rééducateur spécialisé, orthophoniste ou psychomotricien pour les problèmes de latéralisation (droite, gauche) ou de symbolisation par exemple. Il pourra aussi envisager une intervention plus lourde avec un travail d'éducabilité cognitive pour redonner les outils cognitifs, s'attaquer à la structuration de la pensée. Dans les contextes plus difficiles, des déficits majeurs peuvent entraîner une intervention en centre spécialisé, mais n'oublions pas notre définition première de la « non-performance » : un écart entre un potentiel « normal », voire bien au-dessus de la moyenne, et des mauvais résultats scolaires.

Très souvent, les « dysfonctionnements opératoires » sont la révélation d'une *impulsivité mentale majeure* telle que définie dans les chapitres « Gestion du temps » et « Autres attitudes ». Les programmes de remédiation cognitive peuvent alors vous apporter un grand secours pour aider l'enfant à mieux saisir les données, repérer les « critères pertinents », pour une analyse plus fine et une réalisation plus performante.

Des troubles psychologiques plus sérieux

Le tableau ci-après ne peut être exhaustif mais souhaite vous aider à mieux comprendre ce que nous entendons par « attitude » et par « signe pathologique ».

ATTITUDE	SIGNE PATHOLOGIQUE
Anxiété	
pas de prises de risque	refuse toute confrontation au réel
recherche l'approbation de l'adulte	ne peut agir sans l'accompagnement de l'adulte
n'est jamais satisfait	manifeste des comportements de perfectionnisme, rituels, des obsessions

les « somatisations » sont réactionnelles, ne s'inscrivent pas dans le temps	les troubles psychosomatiques perdurent et ne sont pas liés à des événements actuels
Dévalorisation	
s'autodéprécie souvent mais est très sensible aux « renforcements du positif »	aucune valorisation ou progrès ne l'atteint, il est insensible au réel
son estime de soi est faible, essentiellement liée aux résultats	il ne s'accepte pas, rumine des thèmes dépressifs
il se dévalorise, se compare négativement aux autres mais reste social, garde des liens sociaux	il entre dans un isolement, évite le relationnel, les activités extérieures
Intolérance aux frustrations	
il évite les frustrations mais accepte un minimum de contraintes	il refuse toute exigence
la relation aux autres existe	les rapports sociaux sont tous conflictuels
l'opposition à l'école domine	des comportements dyssociaux se révèlent : vols, bagarres
il est très sensible aux images « d'adulte significatif privilégié »	toute autorité ou aide est *a priori* rejetée et dénigrée, l'adulte est « réifié »
malgré une demande de satisfaction immédiate, il y a des projets pour le moyen terme	le principe de plaisir est roi, l'égocentrisme et l'omnipotence l'emportent sur tout

Quel « psy » ?

Ce n'est pas nouveau. Le créneau « enfant en difficulté scolaire » est porteur et un grand nombre d'intervenants vous proposeront des formules miracles. Vérifiez bien la formation universitaire des « professionnels » et leur spécificité, leur « spécialisation ». Tout d'abord, le « diagnostic » doit être réalisé par un psychologue clinicien ou un pédopsychiatre. Une grande confusion règne dans notre pays mais vous devez savoir que tout le monde ne peut pas être « psy ». Il est aisé de comprendre que tout psychiatre est docteur en médecine, il est plus difficile de saisir le label « psychologue » ou « psychothérapeute ».

— *Le psychologue clinicien est titulaire au minimum d'un DESS universitaire.*

— *Le psychothérapeute est, en théorie, soit un psychologue, soit un médecin psychiatre qui appartient à une école psychothérapique reconnue et suivi professionnellement par elle.*

Le terme « psychanalyste » non précédé des titres universitaires décrits ci-dessus indique donc que le « professionnel » n'a suivi qu'une analyse, c'est tout. Il est par conséquent dans l'incapacité de diagnostiquer, que son évaluation soit « opératoire » (fonctionnement cognitif) ou psychopathologique (fonctionnement psychique, analyse de « comorbidité »). Il existe sans doute de bons « psychothérapeutes » qui ne sont pas diplômés, le talent du « thérapeute » est souvent un facteur déterminant de la thérapie, mais cela relève plus de l'« irrationnel » que du professionnalisme. Il nous fallait, de toute façon, vous informer des carences législatives de notre pays.

Julie « l'ambidextre »

La mère : *Le... (nous tairons sa « qualification », la seule certitude que nous avons est que ce « professionnel » s'est certainement formé à une quelconque technique, mais il n'est ni psychologue ni pédopsychiatre, ni recommandé par l'un des deux possibles diagnostiqueurs). Ce monsieur nous a bien dit que les problèmes de Julie à l'école venaient d'une difficulté à se servir de la même main, elle ferme l'œil du mauvais côté par rapport à sa main droite dominante !...*

Nous évaluons donc la « latéralisation » de la petite Julie, 9 ans, élève de CE2.

Julie : *Je peux même écrire des deux mains, le monsieur me l'a dit !...*

Je lui demande d'écrire de la main gauche et c'est une catastrophe... En revanche, la main droite se révèle performante.

Julie (intelligente et donc consciente que quelque chose de contradictoire apparaît) : *Le monsieur m'a dit que c'était à cause de mon œil, je ferme pas le bon.*

Nous poursuivons notre investigation, exercices de motricité fine, exercices avec les pieds, tout est harmonieux. Nous arrivons à la visée de l'œil : il s'agit de me viser avec un objet qui fait figure de longue vue. Elle doit fermer instinctivement l'œil « dominant ». Elle prend l'objet de la main gauche, sourit et ferme l'œil droit lorsqu'elle vise... ce qui est contradictoire avec tous les autres résultats... Je lui demande de prendre l'objet avec la main droite et de renouveler l'exercice : elle ferme automatiquement l'œil gauche...

Les parents étaient prêts à entreprendre une rééducation pour sa latéralisation et, pour eux, l'essentiel était là : Julie ne pouvait pas apprendre à cause du pro-

blème diagnostiqué par le monsieur. Étonnée par les résultats nouveaux, la maman me donna de nouvelles informations du « quotidien » qui s'avérèrent riches pour une réelle évaluation cognitive et comportementale : les refus de Julie à la maison, ses conflits avec la fratrie, son caractère difficile, son rejet de certaines matières scolaires écartées par manque d'intérêt, etc.

Julie (la mimique signait une profonde vexation devant le témoignage maternel) : *Le monsieur a dit que j'avais un problème à cause de l'œil !…*

Le thérapeute : *Et sans doute aussi un peu à cause de toi… tu sembles être un peu pirate !… et Julie d'acquiescer par un grand sourire séducteur…*

Il existe différents types d'approches « psy ».

Nous n'évoquerons que les deux grands courants français en psychothérapie :

— *la psychanalyse,*

— *l'approche cognitive et comportementale : de Beck à Ellis.*

Les thérapies de type analytique	**Les thérapies comportementales et cognitives**
Le but est la restructuration du psychisme : le symptôme disparaîtra ensuite.	L'objectif n° 1 est de redonner un savoir-faire. Il y aura restructuration psychique avec la disparition des « dysfonctionnements » ou symptômes.
Ne font pas un « diagnostic » opératoire.	Étudient la qualité des outils cognitifs et le processus mental.

Recherchent le « sens » du problème scolaire.	Appréhendent d'abord la difficulté scolaire dans son « dysfonctionnement ».
Sont centrées sur le passé avec ses interactions avec l'actuel.	Évaluent d'abord l'ici et le maintenant.
Visent la compréhension des symptômes avec l'analyse de l'histoire personnelle.	Tentent de donner d'abord des outils pour mieux apprendre à l'école.
Peuvent lier les symptômes à une véritable pathologie.	Interviennent en premier lieu sur les attitudes et leurs déclencheurs émotionnels.
Le thérapeute neutre.	Le thérapeute directif, interactif, « médiateur ».
Peu d'informations aux parents, le lieu thérapeutique est celui de l'enfant.	La collaboration avec les parents est proposée pour une réelle accommodation au réel.
Pas d'exercices dans la réalité.	Des tâches comportementales sont décidées avec l'enfant et les parents.
Aucun objectif de durée n'est déterminé.	Le « contrat » passé indique la durée de chaque module d'intervention.

Ce tableau s'inspire des définitions proposées par C. André et F. Lelord dans le précieux livre *L'Estime de soi*, Paris, Odile Jacob, 1999.

La remédiation cognitive

Lorsque le praticien qualifié a clairement diagnostiqué un problème de dysfonctionnement opératoire majeur avec des phénomènes émotionnels importants mais non pathologiques au moment de l'activation de la pensée, lors de l'apprentissage, il peut vous orienter vers des spécialistes de la remédiation. Leur spécificité : ils ont appris des méthodes pour « apprendre à apprendre » qui se révèlent la plupart du temps très bénéfiques. Nous citerons en particulier l'approche que nous utilisons le plus souvent : *le programme d'enrichissement instrumental de Feuerstein (PEI).*

Le PEI : justement réfuté par des études universitaires lorsqu'il s'agit de « restructurer » la pensée de l'enfant (le programme ne change pas de façon homogène la façon d'opérer), il se révèle toujours aussi performant quand la priorité est de traiter l'impulsivité mentale. Sa pratique exige une formation reconnue par des centres agréés. Son utilisation est subordonnée au LPAD *(Learning Potential Assessment Device)* ou « évaluation dynamique du potentiel d'apprentissage » qui favorise l'observation du « processus » de l'intelligence et ne s'arrête pas aux résultats des tests classiques d'aptitude.

Toute remédiation se doit d'envisager l'aspect motivationnel et donc émotionnel. Les méthodes telles que le PEI ne peuvent pas être dissociées des phénomènes affectifs. L'approche « émotivo-rationnelle » d'Albert Ellis et les travaux de M. Bernard ont favorisé notre propre action pour confronter la démotivation scolaire : s'attaquer à l'apprentissage et à ses déficits sous les deux angles incontournables des déficits « opératoires » ou manques de savoir-faire en interaction avec le ressenti.

LES « PLUS »
DE LA REMÉDIATION COGNITIVE

Les comportements, les modes de pensée et la charge émotionnelle liée à des apprentissages se modifient avec l'acquisition d'un savoir-faire et des expérimentations nouvelles

Le médiateur est actif.

Elle est validée par des études scientifiques.

Conclusion

Au fameux « être un parent n'est pas un métier », j'ai tenté de substituer un savoir-faire, pour vous permettre de faire face aux moments difficiles que vous rencontrez dans la scolarité de votre enfant. Vous pouvez désormais vous attaquer à sa démotivation, dans sa réalité quotidienne et non dans la « symbolique » d'une quelconque dimension pathologique inconsciente. Sans nier le contexte sociologique actuel de la réussite ou performance au détriment de la valeur intrinsèque de chaque humain, il me paraît dangereux de ne pas aider les élèves démotivés à combler l'écart qui les sépare de la majorité, que celle-ci soit normalisée ou non. Le refus du scolaire ou l'impuissance devant ses exigences ne peuvent attendre des réformes ou des changements sociaux radicaux.

Avaliser le refus scolaire en tant que révolte ou malaise personnel légitime ne peut tenir le long terme. Combien de fois ai-je travaillé avec ces élèves qui ne comprenaient plus le rejet de leur établissement après des années d'acceptation de leurs difficultés ? Jusque-là les programmes s'étaient adaptés à leurs dysfonctionnements, proposaient des parcours « hors normes » pour les inciter à se remotiver… mais, dès l'entrée en collège et plus tard, au seuil fatidique de la classe de première, la réponse éducative et l'enseignement changeaient radicalement. Il n'était plus question de faire du sur mesure mais de rattraper le retard accumulé : on ne plaisante plus !…

Je ne pense pas que l'adaptation à l'école soit le signe unique d'un bon équilibre psychique. Mais je suis trop souvent le témoin du déséquilibre psychologique que provoquent l'échec scolaire et les problèmes de démotivation. L'adaptation scolaire signe, à mon avis, l'acceptation d'une exigence sociale, une intégration civile. *A contrario*, l'inadaptation scolaire pourrait être synonyme d'inadaptation tout court.

Parents, ce travail ne cherche pas à vous culpabiliser, même si vos « psychologisations » m'ont souvent irrité. Mon objectif est de vous responsabiliser devant la démotivation scolaire de votre enfant. Certes mon hypothèse est frustrante : *les difficultés scolaires sont peut-être avant tout un problème éducatif*. Combien de fois avons-nous voulu, en tant que parents, que la magie psychothérapique remotive notre enfant sans notre intervention directe sur le problème ! Il n'est pas question de blâmer ni de juger. Nous, les professionnels, nous devons partager avec vous nos hésitations, nos doutes mais aussi nos connaissances, nos hypothèses de travail et nos savoir-faire.

Aux attitudes et dysfonctionnements de l'enfant « élève scolaire démotivé », j'ai proposé des pistes de travail. Il est hors de question de figer chaque individu dans telle ou telle nosographie ou symptomatologie. Mes outils d'évaluation doivent permettre de mieux cerner une attitude dominante tout en sachant qu'un anxieux peut avoir un problème avec les frustrations et qu'un autre souffre parfois de dévalorisation profonde avec une problématique anxieuse. Il n'en est pas moins vrai qu'il est utile de cibler nos interventions devant certains comportements typiques.

J'ai décrit dans ce livre les trois attitudes qui sont les principaux facteurs de démotivation scolaire : *l'attitude anxieuse, l'attitude de dévalorisation* et *l'intolérance aux frustrations*. L'« attitude » se veut synonyme de comportement devant la réalité scolaire et non une organisation structurale de la personnalité. Il s'agit d'un comportement et il doit être traité comme tel sans être figé dans un quelconque profil pathologique.

L'attitude d'intolérance aux frustrations me semble omniprésente dans les dysfonctionnements. Elle est souvent une sorte de dénominateur commun aux problèmes de démotivation scolaire. Ce refus de la réalité et de ses contraintes fait l'objet d'un travail spécifique car il s'agit peut-être là d'une pathologie de l'enfant du début de siècle. Il était temps, au XXe siècle, que des voix s'élèvent pour que la réalité n'écrase pas, comme elle l'avait fait, l'enfance et sa richesse. Cette révolte, légitime envers les modes traditionnels d'éducation qui ne voyaient en l'enfant qu'un objet, semble désuète à une époque ou l'enfant (en difficulté) manifeste au contraire une omnipotence remarquable, nie la réalité et tente de réifier autrui.

Quand je lis ce conseil du siècle dernier : « Il faut donc laisser l'enfant aussi libre que possible, sans lui imposer des règles superflues. Un exemple : dès l'âge de trois ans, un enfant peut avoir une liberté totale pour la nourriture et les vêtements… » (C. Liaudet, 1998), il me semble qu'il participe à ce refus de la contrainte en général, si typique de nos enfants démotivés. Nous ne dirons pas que cette philosophie de « l'enfant est une personne » engendre l'inadaptation scolaire, mais les chercheurs pourraient se pencher sur son influence dans les pratiques éducatives quotidiennes en France… et leurs conséquences. Je préfère substituer à ce texte les propos d'un éducateur d'avant-garde :

« Savez-vous quel est le plus sûr moyen de rendre votre enfant misérable ? C'est de l'accoutumer à tout obtenir : car ses désirs croissant incessamment par la facilité de les satisfaire, tôt ou tard l'impuissance vous forcera malgré vous d'en venir au refus ; et ce refus inaccoutumé lui donnera plus de tourment que la privation même de ce qu'il désire… heureux, lui ! c'est un despote ; c'est à la fois le plus vil des esclaves et la plus misérable des créatures… »

Jean-Jacques Rousseau,
Émile ou De l'éducation, Livre II.

Au terme de ce travail, je rappellerai une fois de plus ma volonté de proposer aux parents et éducateurs une autre approche, issue du modèle « cognitivo-comportemental », pour mieux appréhender et confronter la démotivation scolaire. Les approches cognitivistes ne peuvent être réduites au comportementalisme ou à une soi-disant opération de « conditionnement éducatif ». J'ai tenté, au contraire, de sensibiliser le lecteur aux conditionnements (cognitions, pensées automatiques) de l'enfant ou de son éducateur, pour entreprendre un réel déconditionnement, première démarche vers le changement. La démarche cognitive ne saurait être unique mais mérite d'être entendue, d'être acceptée en tant que thérapeutique à part entière et de ne plus figurer dans le fourre-tout « psy ». Elle est souvent jugée simpliste, peu théorique ; nous la voulons réaliste, pragmatique, efficace, une véritable psychothérapie du quotidien. Puisse cet ouvrage en témoigner.

Bibliographie

ANDRÉ C., LELORD F., *L'Estime de soi*, Odile Jacob, Paris, 1999, 289 p.

BANDURA A., *L'Apprentissage social*, Mardaga, Bruxelles, 1976, 206 p.

BECK A.T., *Cognitive Therapy and the Emotional Disorders*, Meridian, New York, 1976, 348 p.

BERNARD M., *You Can Do It !*, Collins Dove, Melbourne, 1987, 234 p.

BERNARD M., JOYCE R., *RET with Children and Adolescents*, Wiley, New York, 1984, 489 p.

BRUNER J., *Le Développement de l'enfant, savoir faire, savoir dire*, PUF, Paris, 1983, 292 p.

COTTRAUX J., *Les Thérapies comportementales et cognitives*, Masson, Paris, 1990, 221 p.

COTTRAUX J., *Les Thérapies cognitives*, Retz, Paris, 1992, 254 p.

CYRULNIK B., *Un merveilleux malheur*, Odile Jacob, Paris, 1999, 240 p.

DEBRAY R., *Apprendre à penser*, Eshel, 1989, 261 p.

DI GIUSEPPE R., « A cognitive-behavioral approach to the treatment of conduct disorder children and adolescence », *Cognitive Behavioral Therapy with Families*, Epste, New York, 1990, p. 184-214.

DOLLE J.M., *De Freud à Piaget*, (« Éléments pour une approche intégrative de l'affectivité et de l'intelligence »), Privat, Toulouse, 1977, 174 p.

DOLTO F., *La Cause des enfants*, Pocket, Paris, 1985, 186 p.

DOLTO F., *L'Échec scolaire*, Pocket, Paris, 1989, 186 p.

DOLTO F., *Les Étapes majeures de l'enfance*, Folio, Paris, 1994, 589 p.

DREVILLON J., *Pratiques éducatives et développement de la pensée opératoire*, PUF, Paris, 1980, 390 p.

DREVILLON J., *Différenciation du développement cognitif, Les Sciences de l'éducation*, vol. 5, éd. Cerse, université de Caen, 1991, p. 5-14.

ELLIS A., *Reason and Emotion in Psychotherapy*, Citadel Press, New York, 1962, 441 p.

ELLIS A., HARPER A., *L'Approche émotivo-rationnelle*, éd. de l'Homme, éd. CIM, Montréal, 1992, 383 p.

FREUD S., *Malaise dans la civilisation*, PUF, Paris, 1929, 106 p.

GIBELLO B., *L'Enfant à l'intelligence troublée*, éd. du Centurion, Paris, 1984, 239 p.

GOLDING W., *Sa Majesté des mouches*, Folio, Paris, 1954, 246 p.

FEUERSTEIN R., *Instrumental Enrichment*, Scott, Glenview, 1980, 436 p.

HUTEAU M., *Style cognitif et personnalité*, PU de Lille, 1987, 273 p.

LIAUDET J.C., *Dolto expliquée aux parents*, L'Archipel, Paris, 1998, 210 p.

NUTTIN P., *La Théorie de la motivation humaine*, PUF, Paris, 2e éd., 1985, 383 p.

OLIVIER C., *L'Ogre intérieur*, Fayard, Paris, 1999, 233 p.

PIAGET J., *Où va l'Éducation ?*, Denoël, « Médiations », Paris, 1972, 133 p.

PIAGET J., *Psychologie et pédagogie*, Denoël, « Médiations », Paris, 1973.

PIAGET J., *Mes idées*, Denoël, 1973, 187 p.

PIAGET J., *Réussir et comprendre*, PUF, Paris, 1974, 252 p.

PIAGET J., *Le Comportement, moteur de l'éducation*, Gallimard, « Idées », Paris, 1976, 190 p.

PIAGET J., INHELDER B., *De la logique de l'enfant à la logique de l'adolescent*, PUF, Paris, 1985, 312 p.

PLEUX D., « Impulsivité cognitive et dysfonctionnement opératoire chez l'adulte », *Différenciation, développement cognitif, Les Sciences de l'éducation*, éd. Cerse, université de Caen, 1991, p. 15-39.

PLEUX D., « Styles cognitifs et dysfonctionnement opératoire », *Les Aides cognitives*, Acte du Colloque, université de Caen, 1991, p. 63-74.

PLEUX D., BERNARD M., « You can do it ! », *Programme de motivation pour étudiants*, Guides de l'élève et du maître, Institut RET, 1993, 121 p.

PLEUX D., « Gestion du stress et RET », *Revue qualité CNAS*, 1994, p. 49-53.

PLEUX D., « Apprendre : dysfonctionnements et changements », *Étude de l'immaturité cognitive et de sa modifiabilité*, thèse de doctorat de l'université de Caen, 1995, 564 p.

PLEUX D., *De l'enfant roi à l'enfant tyran*, Odile Jacob, Paris, 2002, 286 p.

REUCHLIN M., *La Psychologie différentielle*, PUF, Paris, 1985, 244 p.

REUCHLIN M., *Les Différences individuelles dans le développement conatif de l'enfant*, PUF, Paris, 1990, 300 p.

ROUSEAU J.J., *Émile ou De l'éducation*, GF Flammarion, Paris, 629 p.

SKEMP S.R., *Intelligence, Learning and Action*, Wiley, New York, 1979, 324 p.

SKINNER B.F., *L'Analyse expérimentale du comportement*, Mardaga, Bruxelles, 1971, 406 p.

THOMAS S., WILLEMS G., *Troubles de l'attention, impulsivité et hyperactivité chez l'enfant*, Masson, Paris, 1997, 244 p.

WALLON H., *Les Origines du caractère chez l'enfant*, PUF, Paris, 1949, 301 p.

WALLON H., *L'Évolution psychologique de l'enfant*, A. Colin, Paris, 1968, 200 p.

WINNICOTT D.W., *Jeu et réalité*, Gallimard, Paris, 1971, 212 p.

WOLPE J., « Cognition and causation in human behavior », *American Psychologist*, 1978, p. 437-455.

Adresses utiles

AFTCC
(Association française de thérapie comportementale et cognitive)
100, rue de la Santé
75674 Paris Cedex 14
site : aftcc.org

Institut RET
(Institut français de thérapie cognitive agréé par l'Institut A. Ellis, New York)
2, passage Chanoine-Cousin
14000 Caen

Remerciements

Ce livre est dédié à :

Louis Casali, pour l'éducation, Jean Drevillon, pour la réflexion, Albert Ellis pour l'émotion.

Je remercie Christophe André pour ses conseils judicieux et ses paroles motivantes ; Catherine Meyer pour son savoir-faire ; toute ma famille et mes amis qui m'ont toujours encouragé.

Dans la collection « Poches Pratique »

N° 1 : Dr Henri-Jean Aubin, Dr Patrick Dupont, Pr Gilbert Lagrue, *Comment arrêter de fumer ?*
N° 2 : Dr Serge Renaud, *Régime santé, régime crétois*
N° 3 : Dr Dominique Petithory, *La Diététique de la longévité*
N° 4 : Dr Anne de Kervasdoué, *Les Troubles des règles*
N° 5 : Dr Philippe Brenot, Dr Suzanne Képes, *Relaxation et Sexualité*
N° 6 : Dr Jean-Philippe Zermati, *Maigrir sans régime*
N° 7 : Dominique Laty, Dr Jean-Bernard Mallet, *Le Régime des pâtes*
N° 8 : Dr Martine Ohresser, *Bourdonnements et sifflements d'oreille*
N° 9 : Dr Bernard Fleury, Dr Chantal Hausser-Hauw, Marie-Frédérique Bacqué, *Comment ne plus ronfler*
N° 10 : Dr Denis Vincent, Dr Lucile Bensignor-Clavel, *Rhume des foins et allergies*
N° 11 : Dr Vincent Boggio, *Que faire ? Mon enfant est trop gros*
N° 12 : Dr Gégard Apfeldorfer, *Maigrir, c'est fou !*
N° 13 : Dr Thierry Vincent, *L'Anorexie*
N° 14 : Pr Pierre Duroux, Pr Michel de Boucaud, Marie-Dominique Le Borgne, *Mieux vivre avec l'asthme*
N° 15 : Dr Éric Albert, *Comment devenir un bon stressé*
N° 16 : Dr Bernard Duplan, Dr Marc Marty, *Bien soigner le mal de dos*
N° 17 : Pr Gérard Slama, *Mieux vivre avec un diabète*
N° 18 : Didier Pleux, *Manuel d'éducation à l'usage des parents d'aujourd'hui*
N° 19 : Stephen et Marianne Garber, Robyn Spizman, *Les Peurs de votre enfant*
N° 20 : Dr Patrick Gepner, *L'Ostéoporose*
N° 21 : Dr Dominique Barbier, *La Dépression*
N° 22 : Dr Henri Rozenbaum, *La Ménopause heureuse*
N° 23 : Dr Jacques Fricker, *Maigrir vite et bien*
N° 24 : Dr Claude Hamonet, *Prévenir et guérir le mal de dos*
N° 25 : Dr Frédéric Fanget, *Affirmez-vous, pour mieux vivre avec les autres*
N° 26 : Dr Sylvie Royant-Parola, *Comment retrouver le sommeil par soi-même*
N° 27 : Dr Didier Pleux, *Peut mieux faire. Remotiver son enfant à l'école*
N° 28 : Dr Dominique Servant, *Soigner le stress et l'anxiété par soi-même*

Ouvrage proposé par
Christophe André

Photocomposition Nord Compo
Villeneuve-d'Ascq, Nord

Impression réalisée sur Presse Offset par

CPI
Brodard & Taupin
La Flèche (Sarthe), le 28-01-2008

N° d'impression : 45405
N° d'édition : 7381-2053-X
Dépôt légal : février 2008
Imprimé en France